JN082400

ケースで考える

社会福祉マネジメント

一般社団法人 日本社会福祉マネジメント学会 [編]

佐藤 剛 [著]

ミネルヴァ書房

本書の使い方

❶　各章の冒頭にある導入文（この章で学ぶこと）を読み，章の概要を
理解しよう。

❷　ケースを読んだ後，設問に対して自らの考えをまとめよう（アサ
イメント・シート）。

設問に答える前に解説文を読んでしまうと，学びはありません。

❸　余白を十分に活用しよう。

本文中から気になる言葉や項目を抜き出してメモ書きし，それを
後から調べて記入してみよう。このテキストを基に講義を受けてい
るなら，先生の注意事項やサジェスチョンをメモ書きしよう。ほか
にもあなたの工夫しだいで有効活用は可能です。

❹　宿題を省略せずに記入しよう。巻末の解答例を先に読んでしまう
と，学びはありません。

❺　最後にアサイメント・シートに戻って，最初に書いたものを確認
しよう。自らの成長がわかるとともに，新たな課題が見つかるかも
しれません。

目　次

はじめに　ケース・スタディを活用する　1

第1章　新メンバーを迎える～メンバーシップを高める ……………2

新しいメンバーを受け入れる／何がゴールか？／新人の立場で考える／新人は何を必要としているのか？／新人に活躍してもらうポイント／3つの課題への対応

第2章　中途採用者の教育～OJT の最適運用 ………………………18

1　信頼関係をつくる　22
相手を知る／信頼関係づくりの具体策／信頼関係形成のための理論的アプローチ

2　OJT の運用法　26
OJT のゴール／OJT のためのステップ／OJT 終了後のフォロー／OJT の有効性を高める

第3章　新任施設長の最初の仕事～チームビルディング …………36

1　チームを考える　40
施設長の最初の仕事／チームのあり方／チームになる

2　実践のためのシナリオ　49
目的を共有するためのシナリオ／プロセスをモニターするシナリオ／カイゼンのためのシナリオ

第4章　納得できない人事評価～人事制度の基本 …………………52

1　人事制度の全体像　56

2　改めて評価制度の検討　57
評価制度の目的／評価制度の運用ポイント／評価が苦手な背景

3　人事制度の主役を考える　61
人事制度の設計者／人事制度の運用担当者／人事制度は組織のルール

4　人事制度の運用のポイント　63
トップの視点が必要／人事制度の影響力／人事部の役割

第5章　**報連相ができない職員〜トラブルへの対応** ……………………66

　　　1 　社会福祉は思いやりか？　70

　　　　思いやりとは何か？／思いやりの先に必要なもの／心より行動

　　　2 　学ぶ力　71

　　　　「学力」再考／社会人としての学び／社会人の学びの条件

　　　3 　職務設計の基本　73

　　　　職務の割当／仕事が人を育てる／専門職という束縛

　　　4 　職務を遂行するための要点　76

　　　　トラブルが起きるのが仕事／トラブルへの対応／トラブルを最小限にする

第6章　**施設長の究極の仕事〜次世代を育てる** ………………………………80

　　　1 　部下を育てる　85

　　　　育成の第一段階／育成の第二段階／次世代へ引き継ぐ

　　　2 　後継者を考えるプロセス　88

　　　　育成のための必要時間／人材要件の検討／組織の方針

　　　3 　改めて後継者の要件　90

　　　　後継者への期待／学習能力に注目する／職員に残すことができるもの

第7章　**ヤングケアラーという存在〜理論的思考の重要性** ………94

　　　1 　理論を考える　98

　　　　理論の定義／理論の効用／実践のための理論

　　　2 　新しい理論を手に入れる　100

　　　　違和感を大切にする／理論の力／「ヤングケアラー」という理論

　　　3 　実務に落とし込む　103

　　　　組織として学ぶ／事例から学ぶ／家族への対応

第8章　**気づきの共有〜コミュニケーションの基本** …………………108

　　　1 　気づきの価値　112

　　　　「気づき」という経験／気づきから見える世界／気づきを得るための方法

　　　2 　気づきを深める　114

　　　　個人的経験／他者の存在／言葉にするむずかしさ

　　　3 　コミュニケーションの基本　116

コミュニケーションをめぐる問題／コミュニケーションの定義／実務への活用

第9章　保護者会の企画立案〜リーダーシップを考える …………122

1 保護者会の意義　126

保護者会とは何か／保護者会の目的／保護者会の内容を向上させる

2 当たり前を見直す　128

常識を疑う／新しい方法を考える／行動変容を促す

3 リーダーシップの基本　131

リーダーシップが必要とされるとき／リーダーシップの基本的考え方／リーダーシップの発揮の仕方

第10章　会議の進行〜組織の意思決定の基本 ……………………136

1 集団の意思決定　140

独裁者も会議／他人に流される／多様性が大事

2 会議にはルールが必要　142

会議への取り組み方／会議の種類／会議のルール

3 会議の活性化　147

最初の一歩／時間をかける／会議を楽しむ

おわりに　オリジナルのケース・スタディを始める　149

主要参考文献　151

宿題解答例　152

イラスト　かんべみのり

はじめに　ケース・スタディを活用する

　人の話を聞く，本を読む，学校に行く，インターネットで調べるなど学習する方法はいろいろある。方法の一つとして「ケース・スタディ」がある。初めて耳にする読者もいるかもしれない。

　ケース・スタディの最大の特徴は現実から学ぶということである。たとえば，医者が一人前になるためには，数多くの症例を経験する必要があるといわれる。そして，一つひとつの症例を複数の医師や医療従事者が議論しながら，治療法を決定するという方法がある。本書で使用するケース・スタディはこれとほぼ同じである。メディカル・スクール，ロー・スクール，ビジネス・スクールなどで実践される伝統的な教育方法である。

　組織で起きた出来事を分析し，そこから解決策を検討することをケース・スタディと呼ぶ。本書では社会福祉施設で起きた様々な問題を分析，検討することを通じて，社会福祉マネジメントの基礎が身につくように構成している。

　章ごとに一つのケースを紹介し，その状況を分析し回答するというスタイルをとっている。学びを深めるために，必ずご自身の回答を作成してから，次のページに進んでほしい。ケースを分析するためのフレームワーク，理論などの解説がある。

　とくに，注意してほしいことは各章の設問について自分の頭で考え抜くということである。そして，文字にするということである。頭のなかだけで考え，文字化を省略すると学習効果は半減する。頭のなかにあるアイデアを外に出すことが大切なのである。そして，回答を出すために総動員してほしいのが，みなさんの経験，知識など役立ちそうな情報である。

　回答し終えた後，解説を読むとフレームワークや理論などの理解が深まることになろう。

　各ケースは社会福祉の現場で起きている事例をベースにしている。それでは次章から，「ケース・スタディ」の世界を楽しんでほしい。

第1章

新メンバーを迎える

〜メンバーシップを高める

社会福祉職にかぎらず，新たに仕事を始めるとき，ワクワクした高揚感とうまくやっていけるかという不安感の間を揺れ動く。他方，受け入れる施設側も職員が活躍できる場を提供し，条件を整える必要がある。両者の最初の出会いをどのように進めるか，施設をマネジメントするうえで大事な課題となる。もし，この出会いがうまくできなければ，早晩，両者の関係は破綻するからである。実際，社会福祉の現場では，人材の流動性が高いといわれる。入職者の受け入れがうまくいかなかったことが理由の一つかもしれない。

＊次のケースを読んで，設問に対して自分の考えを書きなさい（注：設問に答える前に本文を読んでもほとんど学びはない）。

ケース 1　入職初日

　4月になり，新卒の保育士，西尾承子が新たにメンバーになった。教育学部で幼児教育を専攻したとのことであった。一通りの社会人のマナーについては，法人の本部で新人研修を受けていたので，施設長の黒川はとくに心配はしていなかった。初日は他のメンバーに簡単に紹介し，すぐに仕事を始めてもらうことにした。手始めに，主任の細野の手伝いを依頼した。

　昨晩，西尾は興奮して十分に眠ることができなかった。小さい頃から憧れていた職業に就けると思うと目がどんどん冴えてくるのを感じた。受験する大学も中学の頃にはほぼ決めていて，合格のために塾にも通った。とくに，親類に教育関係者がいたわけではなかったが，保育という仕事に強いあこがれがあった。

大学での実習も楽しかった。保育士になるなら，短大でもよいのではと高校３年生の進路指導のときにすすめられた。保育士の資格をとるだけなら，それでもよいが保育のことをもっと究めたいと考え四大に進学することにした。大学では，保育以外，小学校や中学校の教師を目指す友人もでき，さらに，サークル活動を通じて，文学部や理学部に所属する友人もできた。とくに，実験に明け暮れ，研究室に寝泊まりしている友人の話は新鮮で，まったく知らない世界にふれることができた。短大に入り保育士を目指している友人と話すと，自分とはだいぶ違い資格試験中心の生活であることを教えてもらった。四大で勉強したおかげで，視野も広がりその分だけ保育の意義の理解も深まった。

　これまでの学びを明日から活かすことができるのだと考えるとベッドのなかに入ってもなかなか寝つけなかった。

　細野から「これから散歩にでかけるから，帽子をかぶらせてちょうだい，西尾さん」といわれ，各自の棚から帽子を探しかぶらせた。つぎに，玄関に子どもたちをつれていき，靴を履かせ，全員を集合させた。３才児だったので，それなりに自分で身支度ができるので，問題なくできた。

　子どもたちが二人ずつ手をつなぎ，細野に先導されながら近所の公園を目指した。途中，近所のお年寄りから，「おはよう，みんな元気ね」と声かけられ，嬉しそうに手をふる子どもがいたかと思えば，恥ずかしがって他の子どもの後ろに隠れる子もいた。

　そのうちに，目的の公園に着くと，細野は子どもたちに「それではみんなで仲良く遊んでください」と声をかけると，思い思いの場所に駆け出していった。

　「西尾さん，子どもたちが危ない場所に近づいたり，喧嘩したりしないように気をつけて見ていてね」。

　「はい，わかりした」と答えるまもなく，数人の子どもたちが西尾に近づいてきた。初めて会った西尾に興味をもったのであろう。足に絡みついたり，エプロンのポケットに手をいれたりする子もいた。なかには，名札のひらがなを読める子どももいて，自慢そうに西尾の名前を読んだ。「にしおせんせい」という声に保育士としての生活が始まったことを実感した。

　時間が来ると，また子どもたちを集め，同じ道を戻った。すでに，

給食が準備されており，保育士は全員，テーブルの用意や配膳に追われていた。西尾は他の保育士のやることをみながら，同じように行動した。

　子どもたちの食事が終わると，保育士たちは自分の昼食もそこそこに，子どもたちのために昼寝の準備を始めた。

アサイメント・シート

設問1　あなたが施設長の立場であれば新卒のメンバーを迎えるとき，気をつけるべきこと
はなんだと考えますか？　また，なぜ気をつけなければいけないのか，その理由はなんですか？

設問2　あなたが黒川だったら，給食後西尾にどのような仕事を指示しますか？　あるいは
どんな話をしますか？

　さて，実務経験があれば，この事例についてデジャブの感覚をもつかもしれない。最初の上司，先輩との出会いが，その人の将来のキャリアを左右するといわれる。仕事上の的確なアドバイスに始まり，人間関係のもちかたや立ち振る舞い，そして個人的な悩みにも耳を傾けてくれる存在は，職場に慣れるためには重要な役割を果たす。反対に，職務規定書やマニュアルを渡され，あとは本人任せという方法では，職場に馴染み，活躍するまでには時間がかかるであろうし，挫折する可能性も高い。

　職場にかぎらず，大学などの組織のメンバーになること，あるいは引越し先の町内会でも同じことがいえる。いずれの場合もメンバーシップを発揮するための基本条件は共通する。

1-1　新しいメンバーを受け入れる

　施設長つまり組織の責任者として，何をすべきか。おそらくいろいろな視点から，「すべきこと」は整理できる。事前に履歴書を確認し，そこからどのような仕事を担当してもらうかを考えることもあれば，まず，歓迎会の場で，人となりを知ることを優先する場合もあろう。後者であれば，どのタイミングで，どのような歓迎会を開くかを最優先に検討することになろう。

　管理職の立場から，事前に整理しておくであろうし，これまでの経験からより適切な方法を思案するだろう。1年前の成功した経験を思い出し，そのやり方を再度試みるかもしれない。あるいは，少しアレンジを加えることもあろう。他方で，新人の指導を担当してもらう先輩職員を事前に指名し，細かな指示をすることもあろう。組織として新人を受け入れるための一連の手続きを記したマニュアルが存在すれば，その内容に従うことになる。

　施設長の頭のなかを想像すると次のように図示できるかもしれない。

図 1－1　施設長が考えていること

to do の作成
これまでの経験の振り返り
マニュアルを確認

例えば，施設長はこんな to do リストを作成する

図 1-2　施設長の to do リスト

履歴書の確認
自己紹介の準備
就業規則の用意
指導担当職員への指示
歓迎会の準備

1-2 何がゴールか？

ところで，新人職員の受け入れが成功したというのは，どのような状態を意味するのであろうか。手順通りに入職の事務的作業が無事終了すれば，受け入れたことになるのであろうか。そもそも，施設長をはじめ組織の管理職はこのような視点をもつことは稀ではないかと想像される。理由は，新しい職員が入ることは，ある意味で定型的業務であり，時間が経てば新人もまた自立し仕事ができることを経験的に知っているからである。

しかし，このような経験に基づく見方は「後知恵バイアス」と呼ばれる。結果としてうまくいったこと，つまり新人が活躍している事実から受け入れは成功したと理由づけているといえる。成功は偶然がもたらした可能性もあるにもかかわらず，そこに注意を向けないで，自分の行動，受け入れが功を奏したという因果関係を想定することが認知バイアスの一つとして広く知られている。

あるいは，これまでなんとか上手くやってきたのだから，これからも上手くいくはずという「現状維持バイアス」が働き，同じようにつまり，ルーチンワークとして新人の受け入れをこなすという表現ができる。これまでの経験から，自分には能力があるから新人の受け入れに成功したと思いこむ「自己奉仕バイアス」が起こることもある。

なお，一般的に考え方の偏りは「認知バイアス」といわれ，だれでも陥るものである。思考能力が劣るとか，判断力が低いということを意味するわけではない。個人の属性とは関係がない。

図1-3　認知バイアスの例

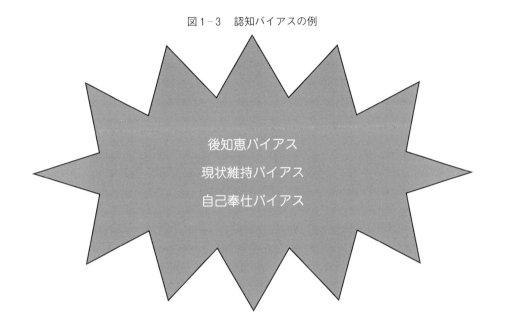

後知恵バイアス

現状維持バイアス

自己奉仕バイアス

　しかし，職員を受け入れるための様々な準備が長期的に活躍したもらうための条件であることは間違いない。とりわけ，人材の流動性が激しい業界（医療，社会福祉など）では自覚的に進める必要がある。数ヵ月で離職する可能性があるからである。離職に至らなくても，不満を抱えたまま業務を担当することは提供するサービスの質に影響を与えかねない。先に示した認知バイアスに左右され思考を停止していたのでは，成功することもあれば，失敗することもあるという運任せのマネジメントになり，最悪の場合，入職した新人が職場の風土に合わなかったからやめたという理由で片づけることになりかねない。このような状況に陥ることは，やめた職員にとっても施設にとっても不幸なことである。どちらの立場にとっても，この経験をその後の行動に活かすことができないからである。

　一般論としても，ゴールが明確でなければ，ある業務の成否を判断できない。新入職者の場合も同じである。たとえば，to do リストにある歓迎会はどのような結果をもたらせば，成功したといえるのであろうか。参加者が楽しく会話ができれば良いのであろうか。まずは，考えるべきである。新人の受け入れにおいても PDCA を回す必要がある。その際，大事なことはＰつまりプランをしっかりと作り込むことであり，達成すべき目的を具体化しておくことである。なぜなら，目的に具体性がなければ，Ｃつまりチェックができないからであり，

チェックができなければ,結果としてサイクルは回らないことになる。

図1-4　PDCAを回すポイント：Actionに進むために

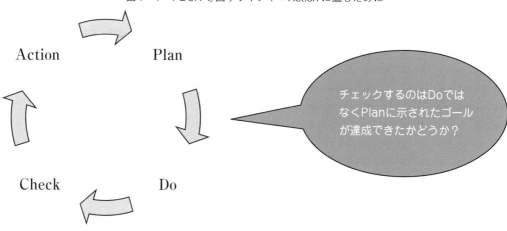

宿題1　PDCAは仕事を進めるうえでとても大事な考え方です。インターネット等で調べ,次のことを整理してください。

PDCAの目的	
PDCAの構成要素	
PDCAの運用方法	
PDCAの身近な事例	

1-3 新人の立場で考える

　大学を卒業して，希望通りの職場で働くことはその人にとって充実したキャリアを歩むことを意味する。したがって，入社あるいは入職当時は意気揚々として出勤するであろう。1週間はあっという間に過ぎるし，週末はクタクタになった自分に気がつくはずである。同僚の名前そして担当を覚える，定形業務の方法を身につける，報告書の書き方を教わる，大量な情報が押し寄せてくる。それは新人の処理能力を超えるものであろう。

　一方で教える側は，情報の海に溺れている新人から見える世界をどれだけ想像しそして理解しているであろうか。認知の限界を超えた情報を処理しているのである。他の職員にとっては当たり前のこと過ぎて，口頭で指示すればできると思い込みがちになる。「単純な作業をお願いする」ということは，新人に対する業務割り当てである。しかし，「単純」と考えているのは業務を与える方で，受け手はそう思っていないことが多い。

　そして，1週間ほど過ぎると歓迎会の誘いがくる。当人としては疲れがピークに達しているにもかかわらず，自分が主役である以上断るに断れない。歓迎会の翌日は疲れがピークに達し，家に帰ることばかり考えるようになる。失敗もしながら，いろいろと施設長や先輩にアドバイスをもらいながら，なんとか日常の業務の流れが理解できるようになるのは早くて1ヵ月であろう。もちろん，理解であって，自分ができるということではない。

　さて，上記のような新人のプロファイリングをしている施設長はどのくらいいるだろうか。日々の業務，トラブル対応，職員からの相談，保護者からの問い合わせなど時間がいくらあっても足りない状況で，プロファイリングすべきといわれても無理と答える施設長もいるであろう。あるいは，しっかりと新人の行動を観察している施設長もいるかもしれない。

1-4 新人は何を必要としているのか？

　専門職に就くべく学校教育を受けているとすれば，新人であったとしても一定の知識はもっていると考えて良いであろう。もちろん，実践のための知識は入職後に蓄積されるとしても，完璧にできるかどうかはともかく，すべきことは理解しているであろう。先輩職員の行動

もある程度，予期できる。そして，今後何を学び，どのように行動すべきかを考えることはできるであろう。

　他方，不安に感じることは対人関係かもしれない。社会人として，どのように振る舞うべきか，話したこともない相手にどのように言葉をかけるべきか，歓迎会は仕事なのか，休日にランチを誘われたら参加すべきか，仕事を進めるうえで判断に迷ったとき誰に相談すべきか，出勤時の服装はどのようなものが好ましいのか，女性であれば化粧はどこまでして良いのかなど，迷うことがたくさん出てくるであろう。

　たとえば，出勤時の服装がふさわしくないと注意する先輩職員もいるであろう。保護者へフレンドリーに対応しようとして敬語を使わないとよくないという指摘があるかもしれない。このような経験をしたとき，一人で悩み誰にも相談できない状況はときに離職の原因となる。出勤時の服装，あるいは休日の職員同士の付き合い方は人によって違うであろう。そのため，人によって基準がバラバラになり，新人にとってはさらなる混乱の原因となる。

　こうした先輩からの指導や，慣例に従って行動することが施設という組織のメンバーになることを意味している。メンバーシップを発揮するということは，どのような組織でも求められることである。しかし，組織の規模が比較的小さく，それぞれが実務を抱えているような施設では，新人がスムーズにメンバーシップを発揮できるように，時間を割いたり工夫したりすることはむずかしいこともある。あるいは，さまざまな不安を新人が抱えていることを自覚できない場合もある。とくに，施設長など管理職との年齢差が大きいと，新人の目線に立つことはむずかしいかもしれない。管理職にとっては，メンバーシップを発揮することは当たり前過ぎるからである。

　そして，もっとも最初に出会う悩みは社会人としてどのように立ち振る舞うかということであろう。社会人としてのマナーとよく言われるが，大学や専門学校で教えられただけでは実践ではあまり役に立たないのではないだろうか。失敗を重ねたり，先輩や周囲の大人から助言されたり，ときにたしなめられたりしながら身につけるものであろう。ここで，気をつけなければならないことは，新人自身が社会人としての行動が十分できないことを自覚していながらも，仕事の現場では社会人として一人前の対応を期待されているということである。施設利用者の家族は少なくとも職員であれば，新人，ベテランを問わず，そう思うであろう。

1-5 新人に活躍してもらうポイント

図1-5　新入職者の課題

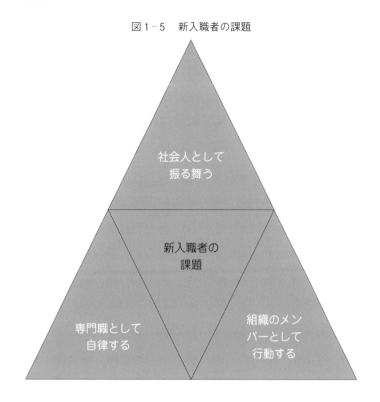

3つの課題のうち，どれが優先されるのかは状況に依存することになるが，いつゴールに達することができるか明確でないこと，ステップを踏んで身につけなければならないこと，つまり時間がかかることが理由となり，新人の心理は不安定な状態が続く。

そこで，気をつけるべきことは，新人のための座学の研修だけでは対応できないということである。とすれば，OJTで対応するということになるが，残念ながら多くの組織ではOJTと言いながら，その内容が標準化されていることは少なく，現場の担当者任せになっている。

1-6　3つの課題への対応

さて，ケース1では初日，制服に着替え，たどたどしく先輩職員の真似をしている西尾が主人公である。彼女に今後活躍してもらうためには，午後から施設長は何をすべきであろうか。一般的な保育所であれば，子どもたちが午睡に入り，保育以外の業務時間がとれるタイミ

ングである。そこで，改めて，先にふれた新人の3つの課題を考える
うえでのポイントを整理する。

① 社会人としてのマナーを身につける

　西尾は本部で社会人としてのマナー教育を受けている。もちろん，
それだけで実践できるわけではないし，これから保護者と接する機会
が増え，社会人としての振る舞いが期待される。いろいろな状況を設
定しシミュレーションして教育するという方法がある。集合研修など
で採用される代表的なものはロールプレイであろう。保護者からの相
談の場面を想定し，西尾と保護者役の保育士とがやりとりするとう方
法である。社会人としての挨拶の仕方，言葉の使い方，電話の受け答
え，メールの書き方など身につけるべきことがたくさんある。

　施設では，本人の自主性を尊重し，やらせてみてから指導するとい
うのがもっとも基本的な教育方法といえよう。ただし，気をつけなけ
ればいけないことは，指導する側がマナーをきちんと身につけている
かということである。施設内だけでの仕事に偏り，外部との交流が少
ない場合，一般社会における常識といわれる行動が身についていない
場合があるからである。

② 組織メンバーとして活躍する

　組織でメンバーシップを発揮することの大切さについては先にふれ
た。組織内の立ち振舞を身につけてもらう必要があるが，メンター制
度を活用する方法がある。これは，当人より少し年上で1人前に仕事
ができる人間をいわゆる指導係，メンターとして任命する制度である。
ちなみに指導を受ける方をメンテーと呼ぶ。

　半年から1年，マンツーマンで組織での振る舞い方を指導するのが
一般的である。上記でふれた社会人としてのマナーも同時に教育され
る。この制度を活用しようとすれば，施設だけでなく運営する法人本
部が意思決定する必要がある。とくに，メンターの期待役割を明記し
ておくことが欠かせない。そうしないと，メンターの個人的な考え方
に依拠して運用され，組織としての方向性と齟齬をきたすこともある
からである。そのため，メンター自身を事前に教育しておく必要があ
る。

　一つの制度を設計，運用することはむずかしいことではあるが，入
職後，早期に離職するリスクを避けるためには検討する必要がある。

施設で働き出して周囲の職員の行動を見よう見まねで覚えていけば，自然と組織のなかでの振る舞いもできるようになるという安易な考え方は避けるべきである。

③　専門職として活躍する

　ここで，専門職として成長するためのポイントを整理する。上記2つの課題の取り組みは比較的短期間で一定の成果を出すことができる。それに対して，専門職として一人前になるためには時間がかかる。ある意味でゴールのない世界である。

　専門職として成長できるかどうかの鍵は，最初の入職時の経験であるといわれる。専門職を志す人間は就職前から，その職業に対しての思い入れが深い。ケースの西尾のように，子どもの頃から目指す例も少なくない。しかし，入職前はあくまでもあこがれであり，現実を知らない。そのため，理想の職業人としての自分を思い描く。子どもに，やさしくときに厳しく接し健やかな成長を支える自分の姿を夢見ていると表現してもよい。

　しかし，実際に仕事を始めると，年長の子ども同士の取っ組み合いのけんかを止めようとしても，逆に巻き込まれ，あちこちたたかれ青あざになることがある。あるいは，0歳児に離乳食をスプーンで口に運ぼうとすると，顔をそむけられたり，スプーンを放り投げられたりする。およそ，日々の業務は事前に思い描いたものとは違う。さらには，教科書で学んだものとは本質的に異なる。

　このように就職する前に想像した自分の姿と就職後の自分の姿のギャップを「リアリティ・ショック」と呼ぶ。新入社員の多くが一度は経験するといわれる。そのような経験をしながらも，立ち直る場合がほとんどである。おそらくは，職場での失敗，思い通りにいかない仕事などを何度も繰り返し，自分の現状の姿を素直に受け入れることで，リアリティ・ショックを乗り越えているのであろう。

　一般企業の場合は，そもそも特定の職種に対する強い思いもなく就職することがほとんどである。入社後に初めて自分がどのような仕事を担当するか決まる。つまり，就社することが最優先であり，職種の選択はその次の優先順位ということになる。就職試験で業種などおかまいなく，たくさんの会社に履歴書を提出するという就職活動の実態は，まさにこの優先順位を示している。

　逆説的であるが，上記のように就社を優先した人間は入社後も担当

する業務が想像していたものと違うと落ち込んだり，うまくできない
と悩んだりする機会は少ないであろう。その分，リアリティ・ショッ
クの程度は深刻ではないかもしれない。

　改めて，専門職を志す学生が入職した場合は丁寧な対応が必要であ
る。社会福祉に携わることにこだわりをもち，他の職業の可能性をほ
とんど検討しないまま就職活動しているだけに，就職後のつまずきが
その後の職業人生を左右する可能性があるからである。専門職として
自立し，社会に貢献したいという思いが強いほど，その思いを行動に
移せない歯がゆさ，さらに自己嫌悪に陥りやすい。

④　失敗から一緒に学ぶ

　そこで，施設長をはじめ他の職員は，「失敗から学ぶ」ことの大切
さを伝えるべきであろう。新人であれば，小さなことから大きなこと
までレベルはいろいろであるが失敗はつきものである。その経験から
一歩ずつ成長していくことをベテランであれば知っている。しかし，
経験の浅い職員にしてみれば，ささいな失敗も重く心に残ることがあ
る。その重荷をおろしてあげるのが施設長の役割である。

　共感や，同じような失敗したことを共有することが大事になる。「心
理的安全性」を補償することにより，不安感におそわれることがなく
なり，自分を責めることもなくなるといわれる。またチャレンジしよ
うとする意欲を喚起する効果もある。

　くわえて失敗という経験を活かしたい。そのためには，まず成功が
偶然の産物であることを認識する必要がある。必ずしも，本人の努力
だけによって成功がもたらされる訳ではない。運が大きく左右するこ
ともある。これに対して，失敗は必然であるといわれる。ある行為の
なかに，失敗を引き起こす要因が含まれていたから失敗するのである。
このことは，ある目的を達成するためにアクションを起こしたとき，
やってはいけないことの発見である。つまり，要因間の構造のなかで，
抜けていた手順を特定できる。

　このように失敗を理論的に解釈できれば，失敗はまさに学びの宝庫
であるといえる。その説明によって，落ち込んでいる新人を救い，成
長を促すことができるのである。

　そこで，下記の宿題に取り組んでほしい。みずからの経験を振り返
ることによって，失敗を成長の糧にすることができるはずである。

宿題2　失敗から学んだことを項目ごとに整理してください。

失敗した経験の概要	
失敗からどのようなことを学んだか？	
なぜ，失敗から学ぶことができたのか？	

　さて，ここまで読み終えたら，本章冒頭のアサイメント・シートに記入した文を添削してほしい。赤字の量がこの章の学びを示している。

第2章

中途採用者の教育

〜OJT の最適運用

職員の採用，そして教育は人事制度を構成する大きな要素である。新卒の採用と中途採用ではリクルート方法も違うし，もちろん教育の方法も違うであろう。ただし，中途の場合，新卒に比べ少人数であることが多く，公式の教育プログラムを持たない施設もあり，いわゆるOJT と称されるという方法をとることが多い。本章では中途採用の職員の教育のポイントを考える。

＊次のケースを読んで，設問に対して自分の考えを書きなさい。

ケース2　新天地でのキャリアのスタート

　石井正子は結婚を機に，札幌に住むこととなった。それまでは，都内の保育所で保育士として仕事をしていた。もともと教育学部で幼児教育を専攻し，念願通りの職業に就くことができ毎日が充実していた。大学時代から交際していた相手と結婚することが決まり，個人的にも幸せな日々が続いていた。ところが，入籍を済ませ夫が会社に報告すると，急に転勤が決まった。北海道で市場開発するプロジェクトに選ばれたのである。

　新婚早々で単身赴任をしてもらうことは気が引けた。釈然としないままではあったが，仕事をやめ札幌についていくことにした。とはいえ，身寄りも知り合いもいない土地であったので，一日中，家にいるのも退屈だと思い。引っ越し前に人材紹介業者の求職サイトに登録しておいた。保育士としては7年の経験があったので，就職はむずかしくないだろうと予想していた。

　引っ越しが終わり，荷物が片付き生活が落ち着いてから，事前にネッ

トで申込んでおいた施設をいくつか見学し，就職先を決めた。都内とは違い，広々とした園庭で，子どもたちが思い思いに遊んでいる姿をみると，改めて保育士が天職だと感じることができた。

　いよいよ初出勤の日がやってきた。施設長の橋本陽とは最初の面接で会っていたが，東京育ちの石井にはときどき出る北海道弁が理解できなかった。施設長は他の職員一人ひとりに石井を紹介してまわった。「今度，入った石井さんです。東京でも保育士をされていました。よろしくね」。

　「石井さん，保育士の経験がおありですから，１日の流れは大体わかると思うのですが，事前に確認しておきたいことはありますか。今日は慣れてもらうために２才児クラスの担任のアシスタントをしてもらう予定です」。

アサイメント・シート

日付　　　年　　月　　　日

設問 1　あなたが石井の立場であれば，何が一番不安ですか？

設問 2　あなたが施設長の橋本の立場であれば，中途採用した石井に対して，どのような点を注意してマネジメントしますか？　具体的なアクションを書いてください。

専門職として社会人をスタートしたのち，様々なライフイベントによって職場や職業を変えざるを得ないことがある。日本の社会では，女性が出産や子育てを契機にキャリアを転換することが多いといわれる。子育てのために10年程度，仕事から離れることもある。

　他方，発達心理学など保育をめぐる理論の発展，保育方法の進歩，あるいはICTの活用の進展など日進月歩である。かつての経験だけで業務を進めることはむずかしい。

　また，パートナーの転勤にともない家族が引っ越しすることもめずらしくない。生活環境が変わることは，職業を変える以上に苦労することが多い。職業人の前に生活者だからである。子育て，パートナーとの関係，あるいは介護も働き方に大きな影響を与える。

1 信頼関係をつくる
1-1 相手を知る

　新卒，中途採用に関わらず，施設長として必要なことは相手を知るということである。この当たり前すぎることをポイントとして指摘する理由は，中途採用の場合，相手を理解することに注意が払われないことがあるからである。専門職として実務経験があれば，即戦力を期待するため，その人が実務をどの程度担当できるのか，管理業務を担当できるのかなどを詳細に検討することなく，仕事を任せることがある。中途採用の場合，人員の補充という意味合いが大きいのでやむを得ないところもあるが，ときに施設からの期待とずれることがあるので気をつける必要がある。

　施設側の期待と実際の業務担当能力の相違は新卒者よりも中途採用者の方が起こりやすい。新卒者は実務経験がないことを前提にステップを踏んで仕事を割り振り，様子を見ながら徐々に仕事量や種類を増やすのが一般的であろう。他方，中途採用者の場合，ある意味での思い込みで仕事を担当してもらうことがある。

　本来，中途採用者つまり実務経験者であっても，業務能力や経験を詳細に把握すべきである。とはいえ，入職時，いきなり何ができるのかと質問したとしても，質問された方が答えようがないであろう。不用意な発言は関係をこじらせるだけである。新卒者採用が大半を占める施設の場合は，対応のノウハウもそれほど蓄積されていないであろう。

　しかし，せっかく即戦力になることを期待して採用しても，最初の
ステップで互いの意思疎通がうまくいかなければ，早期の退職の原因
になりかねない。

1-2　信頼関係づくりの具体策

　中途採用者の場合，転職の理由は多岐にわたる。前の職場への不満
が蓄積したこと，子育てが一段落した，あるいは今回のケースのよう
にパートナーの転勤などという理由もあろう。どのような理由であろ
うと，再び復職しようという意思が強いことは事実である。その意欲
をエネルギーとして活躍してもらうことが課題となる。

　したがって，妨げになる要因を探り解決することが大事になる。阻
害要因は次のような場合に分けることができよう。

１）生活環境の変化への不安
　　子育てをどのようにするか，家族の理解を得ることができるか，
　　親の介護をどうするか，近所とどのようにつきあうか
２）職場へ馴染めるかという不安
　　自分をどのように表現するか，人間関係をどのように構築するか
３）職場の期待に応えることができるかという不安
　　期待されている役割をどのように知るか，その役割を実行できる
　　能力があるか

　さて，ケースでは見知らぬ土地で働くという選択をしている。生活
環境が大きく変わることは，上記１）のようにいろいろな不安を抱え
ることになると想定されるが，それを聞き出すことは他の不安に比べ
むずかしいのではないだろうか。プライバシーに関わることだからで
ある。執拗に聞こうとすれば，相手は拒否するであろう。

　上記の不安が混在していることが一般的であるし，状況に応じて表
出する不安の種類は異なる。当人自身が漠然として，不安の原因を特
定できないこともあろう。このような状況に陥っているときには，不
安を解消するために第三者が介在することはとくにむずかしい。

1-3　信頼関係形成のための理論的アプローチ

　このような場合，有効であるといわれるのが，「自己開示」という
考え方である。自分自身のことを相手に話すことで，打ち解けた関係

になれるといわれる。例えば，「子どもの頃から，保育士は憧れの職業だったのよ。でも，親たちは古い考え方の人で，仕事をするよりは専業主婦になるようにと言われ続けていたの。受験の頃，毎日のように親子喧嘩だったわ。それでも，強引に受験校を決めたの。そんな強い思いで仕事についたのだけど，実際に保育士になると，いろいろとあったわ。やめようと思ったこともあるのよ。昔の話だけど。今は施設長ということになっているけど，悩むことは相変わらずね。というか，毎日が試行錯誤の連続ね」と問わず語りに施設長が経験を話すことが自己開示である。

　似たような経験を多くの人はもっているのではないだろうか。何か伝えようとか，諭そうとしているわけではないのに，思わず聞き入った人もいるかもしれない。

　相手が自己開示すると，聞いた方は負債が生じたと感じ，お返しをしなければならないという心理的状態になるといわれる。つまり，自分も何か話さなければならないという義務を感じるようになる。これを「返報性」と呼び他人から何かもらったら，お返ししなければという気持ちになる。これは物をもらったときもそうであるし，言葉のやり取りでも同じことが起きるのである。

　この考え方に従うならば，相手のことを知りたかったら，まず自分のことを話すことが大事になる。話す内容に応じて，聞いている相手も同じような内容の話をしなければならないと責務を覚えるのである。とくに，先の例のようにプライベートな経験を話されると，自分も同じようなことを話さなければいけないという感覚が生まれる。

　「私も小さい頃から保育士に憧れていたんです。母も保育士だったんですが，その影響が強かったのかもしれません。ただ，高校生の頃になると，母も仕事でいろいろな悩みを抱えていることがわかるようになりました。自分が保育士になったら，そのような経験を乗り越えることができるのかという不安に駆られ，職業の適正について悩んだことがあるんです」といった話を相手から引き出すことができたら，信頼が生まれはじめたといえよう。

　さらに，上記のように悩みを互いに語り合うなかで，共通点が発見できれば仲間意識が生まれる。これを「内集団ひいき」と呼び，仲間として身びいきする傾向を意味する。保育士として悩んだ経験を共有することで，さらに会話が弾むことになろう。

図 2 - 1　信頼関係形成のためのサイクル

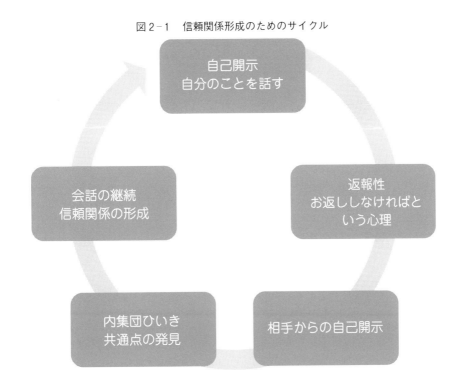

　なお，信頼関係ができたかどうかの判断軸は相手が自発的に話しか
けてくるかどうかである。このような状況になるまで，上記のサイク
ルは回す必要がある。

　このように考えると，信頼関係をつくる鍵の一つは，相手との共通
点をもつことである。いろいろな相手と共通点をもつためには，自分
自身がたくさんの引き出しを持っておく必要がある。野球，サッカー
といったスポーツだけでなく，音楽，文学，哲学あるいは料理など日
頃から関心の幅を広げておくことが欠かせない。このように好奇心に
満ちた生活をしていれば，自ずと相手の話にもより深く興味をもつこ
とになろう。

　そこで，次の宿題に取り組んでほしい。これから，どのような分野
を勉強すべきかの指針を与えてくれるはずである。

宿題1　以下，各分野を3つ挙げてください。

	1	2	3
関心のある分野			
苦手，関心のない分野			
これから知りたい分野			

② OJTの運用法
2-1 OJT のゴール

　新卒者であれ，中途採用者であれ，組織で活躍してもらうことが教育・研修の目的である。そのためには，組織の方針や目的を一方的に押し付けただけでは目的を達成することはむずかしい。主体性が希薄となり，当事者意識をもって仕事をすることが期待できなくなるからである。他方，職員の主張や好みだけを尊重していたのでは，組織の運営がままならない。職員と組織が求めることのバランスをいかにとるかがOJT のゴールとなる。

　ちなみに心理学者のエドガー・シャインは，その人のキャリアの根幹をなす価値観のことを「キャリア・アンカー」，同時に，組織から要請されるキャリアを「キャリア・サバイバル」と名付けた。重要な概念なので，インターネット等で調べたものを下記にまとめることを勧める。

　さらに，職員自身も何をしたいのか，どのような業務を担当したいのか，必ずしも明確ではない。新卒者であれば，働くこと自体が初めてであるし，中途採用者であっても経験したことのない業務はいくつもあるだろう。そのため，当人の希望の職務を聞いても，それまでの知識や経験といった限定された情報に基づいた答えとなる。つまり，実際に担当してみなければ，本人自身もその業務の好き嫌いそして適正は判断できないことになる。このように考えると，マネジメントの視点から，新しい経験をしてもらう機会をつくることは本人とっても望ましいといえよう。

宿題2　以下の理論をまとめてください。

キャリア・アンカー	定　義	
	自身のキャリア・アンカーは？	
キャリア・サバイバル	定　義	
	今，組織から求められていることは？	

2-2 OJTのためのステップ

　相手から積極的に情報が入ってきたら，次は職場で活躍してもらうためのポイントを考えたい。中途採用の場合，知識，経験は人によって異なるため，オーダーメイドで育成プログラムを作成することが望ましい。しかし，「べき論」としては正しいかもしれないが，実践することは簡単なことではない。忙しい日常業務のなか時間を割き，個々人の能力や経験あるいは知識に合わせたプログラムを実践することは至難の業といってよい。

　もちろん，組織としてプログラム，マニュアルが整備されている場合があれば，まずはその内容を徹底することが必要となる。しかし，個人によって，理解力が違うわけであるから，それに合わせた調整は必要となる。そこで，準備しておかなければならないことは，次の通りである。

　このステップのポイントは当事者つまり中途採用者が主役となってみずからのキャリアを考えるということである。結局，上司がいくら

図2-2　OJT を進めるためのステップ

1) OJTプログラムのイニシアチブ	・当事者が自身のキャリアを考える ・OJT担当者がアドバイスする
2) OJTのゴール設定	・当事者によるキャリアゴールの言語化 ・キャリア・ゴールの両者による共有
3) OJTの方法の確定	・複数の方法についての検討 ・当事者にとっての適正の検討 ・組織の目標との一致度の検討
4) OJTのスケジュールの確定	・業務とOJTのバランスの検討 ・ゴールの難易度と必要な時間の検討
5) モニター方法の確定	・ボトルネックの見極め ・ボトルネックでの進捗の確認タイミングの決定

考えても，当事者が納得することが大事であり，納得するための条件として今後のキャリアは不可欠である。目指すキャリアを具体化すること，そしてキャリアゴールを目指すことは組織で働く以上，誰でも考えることであろう。目指すところは給与などの処遇の改善かもしれないし，より専門的な知識を獲得するかもしれない，あるいはこれまで経験してこなかった新しい業務を経験することもかもしれない。

　他方で，施設は全体のバランスを考慮して組織として期待する役割がある。各自が役割を果たさなければ，組織の目標を達成することができないからである。それぞれがやりたいことだけやる，希望する業務だけを担当するのでは，提供する福祉サービスに偏りが生まれることになる。

　つまり，役割分担をめぐって個人と組織の折り合いをつけることが施設長に期待される。このとき，順番を間違うことが中途採用者に対しては多い。「即戦力」という言葉を使うことがあるが，これは個人の志向よりも組織の都合を優先させたものといえる。組織として，困っていることを補完してくれるという意味合いであるが，人間の集合体

である組織において，ミッシングピースを埋めれば事が足りるという発想は表層的である。ダイナミックな人間関係が組織の本質であるとすれば，何より大事になることは組織を構成する人間の志向であるといえる。それを無視したのでは，組織のダイナミズムが生まれないであろう。

　このように考えると一見わかりにくい，図2-2の1）の重要性が理解できるであろう。組織の論理を優先させ，上司が育成プログラムを決めるのが一般的な認識かもしれない。しかし，中途採用者に当事者意識をもってもらうという視点から考えると，プログラムのイニシアチブは育成される側がとるとよい。どのようにキャリアを歩みたいのかを明確にしておく必要があるからである。

　それでは，どのようにイニシアチブをとってもらうのか。中途採用者にそのことを求めることは簡単なことではない。就職して，上長から自分のこれからのキャリア設計について考えるように言われても，多くの人の場合，戸惑うばかりであろう。あるいは，そのようなことを指示する組織に対して不信の念を抱くかもしれない。つまり，中途採用者がキャリアの主役でありながら，そのプランを組織が求めると，不安な心理に陥れることになる。

　このような状況を回避するためには，いろいろな方法があるが，すでに，指摘したように，事前に信頼関係を構築することは不可欠である。相手に何を話しても，自分の力になってくれる，少なくとも批判されることはないという状況をつくることが肝心である。

　そこで，キャリアプランを一緒に作成するという方法が有力な候補となる。あくまでも主役は中途採用者でありながら，管理職としての考え組織の方針が反映できるからである。

　具体的には，これまでの仕事を振り返ることが最初のステップとなる。自分の適正が浮き彫りになり，同時に自分の可能性（これまで経験はないがトライしたい仕事など）にも気づくことになるからである。職務経歴をまとめる作業を通じて，キャリアプランのヒントや視点を得ることができるが，プランをより充実させるためには，第三者のアドバイスは欠かせない。とりわけ社会福祉という専門性の高い職業の場合は，経験者からの話は貴重であろう。

　この作業を通じて，2）ゴールを設定できる。もちろん，一度決めたゴールがそのまま継続する必要はない。むしろ，定期的に見直すべ

きである。

　次に，キャリアゴールに向かうためのプログラムの進め方であるが，作成したキャリアプランをもとに話し合い決めるとき，相手に当事者意識をもってもらうために，キャリアゴールを目指すプロセスでどこにボトルネックがあるかを説明してもらうとよい。もし，説明できなければ，自分の計画において，どこに気をつけなければならないのかを自覚できていないことを意味し，途中で挫折することも想定されるからである。さらに，ゴール達成も危ぶまれる。

　そこで，プログラムの途中であっても経験が十分ないと判断した場合は，必要な経験をする場を設定すればよいし，知識不足が確認されれば，知識を身につける方法を検討すればよい。プランを立てるとき，最初から完成形を目指すのではなく，逐次，調整，変更することを前提としておけば，挫折を防ぐことができるだけなく，当初は想定していなかった新しい可能性も発見できる。

　3）OJTの内容は4）のスケジュールと密接に関係し，中途採用者のキャリアゴールの難易度に応じて必要とする時間が異なるからである。つまり，1）の段階で言語化したキャリアのゴールを具体化する作業となる。みずからの言葉で語ることでコミットメント（結果への自己責任感）が生まれるので，多少ハードルが高くても，あるいは時間的に余裕がなくても，それらの困難を他者のせいにすることなく，みずから取り組むことが期待される。

　一通りOJTの計画を立てることができたら，ゴールを目指し日々実践することになる。スケジュール通りに進んでいるのかどうかのチェック，もし順調に進んでいなければその原因の分析と解消，というのが一般的な方法であろう。計画を緻密にしておけば，対応すべき事柄は明確である。しかし，実践のなかで，クリアしなければならない事柄が計画通りに実行できず，落ち込んで計画が先に進まなくなったり，あるいは想定外の出来事が起きることはめずらしくない。

　そこで，あらかじめ5）モニター方法を決めておく必要がある。どのタイミングで実施するのかという計画や突発的なことが起きたとき，どのように相談の場をもつかなどが主要な項目となる。

2-3 OJT終了後のフォロー

　職場を変えてでも同じ職業を続けたいということは，その職業に対

して強い思い入れがあることを意味する。専門職として貢献したいという意欲があり，活躍の場を求めているのであろう。

　公式の OJT は 3 ヵ月なり半年という時間が経れば，終了する。そこで必要となるのは，OJT の結果をレビューすることである。計画通りにできたこと，できなかったこと，そして今後何をすべきか検討しておく必要がある。そのことが OJT を受ける側に役立つだけでなく，OJT の担当者にとっても今後の OJT の改善のヒントを与えることになる。

　OJT 終了後，その人が今後どのような職務を担当したいのかということがレビューでは優先すべきテーマとなる。一職員として現場で利用者と常に接する業務を志向するのか，管理職としてより大きな業務を担いたいのか。あるいは，特定の分野の専門性を高めたいのか。それぞれの方向性によって，研鑽を積むべき課題は異なる。

　いずれのキャリアを志向するにしろ，そのキャリアに役立つ経験を日常的に積みたいと考えるであろう。組織としての都合は退職した職員の代わりを務める，いわゆる即戦力を求めることもあるかもしれないが，その業務が当人のキャリア志向と合致しない場合，不満が表出する可能性もある。専門職としてのキャリアを歩みたいと考えている職員に，管理職を担当させることは個人レベルでも組織レベルでも摩擦が起こることになろう。

　OJT が終了したら即戦力を発揮することを期待することは組織の事情からもっともであるが，やはり他の職員との円滑なコミュニケーション，信頼関係が必要となる。仕事の成果は個人の能力や経験だけでなく，同僚や上司とのチームワークにも大きく左右されるからである。そのため，組織としても継続的にサポートする必要がある。

2-4 OJT の有効性を高める

　さて，これまでの記述は中途採用者と施設長等の OJT 担当者の関係を中心に検討してきた。両者の努力が OJT の成否を左右することは議論の余地がないであろう。しかし，属人的な要因だけに依拠していたのでは，OJT の成果についてはばらつきが生まれる可能性が高まる。

　OJT のプログラムが充実していることは，求職者にとっても魅力になるであろう。今回のケースのように，知り合いもいないような土地で暮らすという状況を考えたとき，仕事も大事であるが，それ以上

に生活に慣れることに多くの時間や労力がとられることになる。入職した施設が標準化された OJT プログラムをもっていれば，その分効率的に職場に馴染むことができる。

そこで，より有効で効率の良い OJT プログラムの標準化が期待される。多くの組織では呼称はともかく，新入職者に対しては何らかのサポートを実施しているであろう。しかし，集合教育等についての制度は設けていても，体系的なプログラムがないところが多いといわれる。

ゼロベースでつくるという方法もあるが，むしろここでは現場の知恵を活用しながら，プログラムの体系化の方法を検討したい。このアプローチをとれば，時間的に節約でき，さらにその組織の特性を反映したプログラムをつくることが期待できるからである。

すでに，施設長が独自に OJT を計画するためのステップについては説明した。おそらく類似したことは現場で実施されていることであろう。これらの現場で蓄積された知恵を形式化することで，公式の OJT のプログラムを作成することはできる。そのためには，次の手順が大事になる。

図 2-3　OJT マニュアルの作成手順

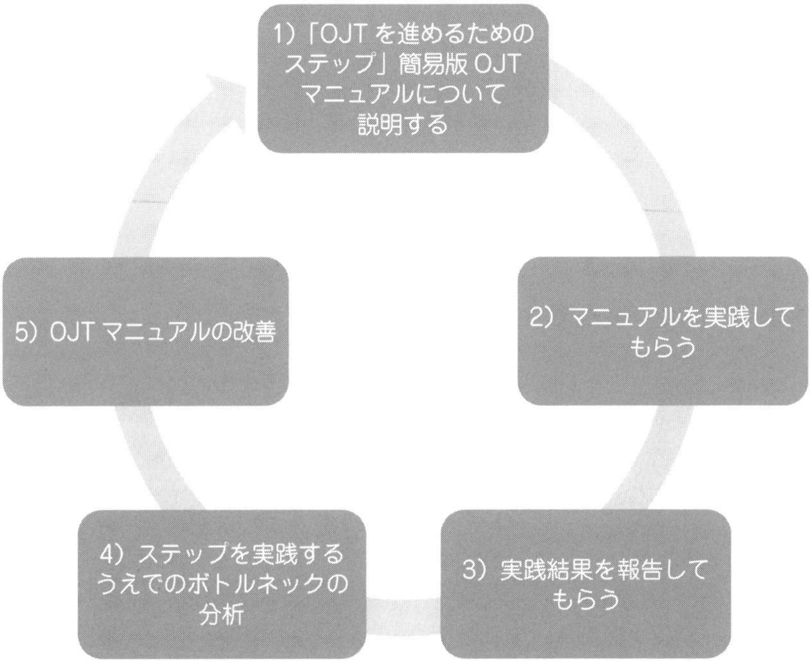

1)「OJT を進めるためのステップ」簡易版 OJT マニュアルについて説明する

2) マニュアルを実践してもらう

3) 実践結果を報告してもらう

4) ステップを実践するうえでのボトルネックの分析

5) OJT マニュアルの改善

1）OJT担当者に対して，簡易版OJTマニュアルについて説明し理解してもらう。基本は集合教育が適しているであろう。担当者の理解度のばらつきを防ぐことができるからである。

2）あらかじめ決めておいた期間（たとえば3ヵ月間），施設でマニュアルに沿ってOJTを実践してもらう。このとき，実践の記録を残すと，終了後の振り返りに役立つ。

3）2）の結果を担当者に報告してもらう。この場合，個別の報告ではなく，1箇所に集合してフェースツーフェースで議論するとよい。互いの実践結果を共有することで，さらなる気づきや学びが得られるからである。たとえば，ある担当者の経験を聞くことによって，自分自身も同じ経験をしたことを思い出すことがある。あるいは，自分は同じ経験をしなかったことに気づくことがある。これらのやり取りによって，実際には経験していないことでも，もし同じ状況になったときに適切に対応できることが期待される。つまり，一人の経験の数は限られるが，集団で議論することによって，経験の量が増えるのである。

　また，他人の話を聞くことが，言語化できなかった自分の経験を言語表現できるきっかけにもなる。言葉にならない経験を言葉にできることは，状況を構成する要因の関係性とくに因果関係を理解することにつながる。

4）個別の経験や議論の結果を分析し，ボトルネックを発見することが次の課題となる。OJTを担当する事務局が主体になって実践されることが望ましい。とくに注意しなければならないことは，ボトルネックの原因が個人に起因する場合には検討の対象から外し，別の施策で対応する必要がある。

5）4）で確認できたボトルネックを解消する方法を盛り込んで，正式版のマニュアルを作成することも担当事務局の仕事となる。完成したマニュアルは再び①に戻り，担当者に共有され，その後同じサイクルを回すことが欠かせない。

　上記の作成手順を円滑に進めるための前提は，最初から完成度の高

いマニュアルを作成することを目指さないことである。最初はハードルを上げず，できることからスタートすべきである。その意味で，すでに担当者が実践しているプログラムも積極的に取り入れるべきであろう。みずから実践していることを話してもらえば，担当者の当事者意識が高まるからである。自分がOJTの主役であるという自覚をもってもらえば，現場での成功談だけでなく，失敗談も知ることができるであろう。いうまでもなく，失敗談はマニュアルを作成するうえではもっとも貴重な情報となる。

　さて，改めて本章の最初のページに戻り，ケースの課題に取り組んでほしい。成長したことに気づくはずである。

第3章

新任施設長の最初の仕事

～チームビルディング

　社会福祉の関連する仕事に就くことと，社会福祉施設を管理することは必ずしも一緒ではない。なかには，管理職になることを避ける人もいるといわれる。利用者と一緒にいる時間がもっとも充実した経験ができるというのが理由の一つらしい。しかし，個人ではなく組織単位で，子ども，障害者あるいは高齢者をケアすることが社会福祉であるとすると，組織をマネジメントする人は欠かせない。

　そこで，組織をマネジメントする立場になったときに，何をすべきなのか考えてみたい。とくに，本章では社会福祉サービスの質を高めるという視点を盛り込むことにする。質を高めることはどのような施設でも共通の課題だからである。

*次のケースを読んで，設問に対して自分の考えを書いてください。

ケース3　サッカーフィールドから施設へ

　社会人として最初に就いた仕事はスポーツ店での販売員だった。阪本は小学生の頃からサッカー選手を夢みて，地元のクラブにも所属していた。高校1年生で高校総体にも出場し，有力選手として注目されていた。そして，スポーツ推薦で，大学にも入学できた。しかし，大学ではトップクラスの選手が揃い自分の実力ではプロになれないことを思い知らされた。物心ついてからサッカーのことしか考えてこなかったので，大学に在籍する意味を見失い，中退することにした。

　とはいえ，何をしたいのかもわからず，しばらく自宅の部屋にこもる日々が続いた。そんなとき，ラインで現役のときに世話になったスポーツ店の鈴木店長から連絡があった。仕事が決まっていないのなら手伝ってほしいとのことであった。時間つぶしにちょうどよいと考え

手伝うことにした。スポーツ店では地域の少年サッカーチームを後援していたので，そちらも手伝うようになった。子どもたちからも好かれるようになると，自分は教育に向いているのかもしれないと思い，大学の教育学部の編入試験を受けた。学んでいるうちに，障害児教育に関心をもつようになり，関連の機関で働きたいと考えるようになった。

　そして，放課後デイサービスでのインターンを経験し，そのまま就職することとなった。体育会系で体力には自信があり，自分でも驚くほど夢中で働き，あっという間に5年が過ぎた。ちょうどその頃，施設長になってくれという打診があった。大学で障害児教育について学んでいること，働く姿勢が評価されたようである。

　施設長として赴任したのは新しく開設したところで，それぞれが初対面のメンバーであった。初めての顔合わせの前日，自分の部屋で何を話そうか，どのようにすれば施設がうまく運営できるのか，いろいろと考えをめぐらした。サッカーが自分を育ててくれたという思いから，施設が「ひとつのチーム」となることを目標に掲げることにした。

アサイメント・シート

日付　　　年　　月　　　日

設問1　初日に，あなたが阪本の立場であれば，どのようなことを話しますか，また職員に方針を話す以外にどのような工夫をしますか。

設問2　阪本は職員から「チーム」とは何かという質問を受けました。あなたならどのように答えますか。チームの目的，特性，運営方法に分けて説明してください。

1 チームを考える
1-1 施設長の最初の仕事

　社会福祉の現場は工場の生産ラインに比べ，一人ひとりの創意工夫がより必要であるといわれる。人が人に関わる過程のなかでサービスが生産されると同時に消費されるからである。つまり，相手に合わせて，どのようなサービスを提供するか，どのように接するか，対応するかを決めなければならない。また，ある行動をとったとき，その行動に対する相手の反応を確かめて調整する必要がある。

　このように考えると，職員は自分自身で状況に応じて何がもっとも適切な行動かを自律的に判断する必要がある。上司からの指示を待ってからでは相手が必要としているタイミングと合わないからである。迅速で柔軟な，そして適切な行動が求められる。

　さらに，個人として自律的に行動するだけでなく，他の職員との連携も欠かせない。より複雑な調整が必要となる。まさにサッカーのプレイと同じである。車椅子を使用している子どもが他の子どもと喧嘩し，転倒しそうになったら，一人での対応は無理である。喧嘩を止める，車椅子を横転しないように抑える，相手の子どもを制することなど瞬時に連携プレイをしなければならない。

　サッカーの試合にシナリオがないように，福祉の現場でも予測できないことが起きる。マネジメントの視点に立てば，あらかじめできることは最低限のルールつまり問題が生じたら取るべき手順を決めておくことである。サッカーにおいても基本動作の数は限定される。それにも関わらず，むずかしい理由は多数の動作が状況によって，複雑に組み合わさるからである。

　そこで，施設の職員はチームプレイに習熟することが求められる。就業規則，専門知識など行動のルールを理解したうえでのチームプレイである。したがって，施設長は職員一人ひとりがチームのメンバーとして活躍できるように環境を整えておく必要がある。ただし，どのようにチームをつくるべきかまで，組織として公式のルールを持っているところは少数派であろう。

　組織の公式の規則にはなく，言語化されていない事柄ではあるが，社会福祉サービスの質を向上させるために，施設をチームにすることは施設長の最初に取り組まなければならない仕事であるといえよう。

1-2 チームのあり方

　職場がチームとして仕事をすることが大事であると施設長が認識しても，他の職員が同じような視点で考えているとはかぎらない。むしろ，チームというよりも，トップダウン型で職務命令に従い行動することを期待しているかもしれない。もちろん，組織である以上，規律を守ることは重要である。しかし，それだけでは不十分であることを施設長は自覚し，チームをつくることにイニシアチブをとる必要がある。

　そこで，どのようにつくるべきなのか検討したい。

　メンバーはラテン語で membrum を語源とし，手足など体の一部を意味するといわる。右手と左手との協力関係が成立してはじめて茶碗をもって食事ができる。ただし，幼児にとっては簡単なことではない。左手で茶碗をもち，右手で箸を使いこなすためには練習つまり時間が必要である。

　たとえば，ハンドリガードといわれる現象が知られている。生後 3 〜 4 ヵ月で一般に観察されるが，横臥している乳児が自分の手を突き上げて動かすしぐさのことを意味する。これは自分の意思によって手が動くことを確認している行為であるといわれ，手の動きを目で追うことができるようになったことを示す。つまり，自分の手を動かすことができることを確認しているのである。やがて，指を咥えたり，モノを掴んだりという行為に発達していく。

　大人になれば当たり前と思っている自分自身の体の部位を自由に動かすことがきるためには，このような努力があるのである。子どもはいきなり，大人になることはなく，むしろ発達の順番が逆転したりすると問題が生じることもある。同じように，チームの一員，メンバーになるためには手順そして時間をかける必要がある。人間の発達に段階があるように，チームをつくるためには順序を守る必要がある。

　メンバーが協働するためには，まず，それぞれのメンバーの能力，知識，経験，認知特性などを相互に理解しておかなければならない。仕事だからという理由で，いきなり各自に役割を割り当てたとしても，その役割を十分に果たすことはできない。組織における仕事は複数の人間が関連するからであり，補完関係を前提とするからである。

　互いに理解できたとしても，協働できるわけではない。補完し合うための目的が必要である。そうしなければ，バラバラになり方向性を

見失う危険性が生まれる。そこで，各自がチームの目標を理解し，その理解の内容を一致させること，つまり共有しなければならない。一般に目標というものは，抽象的に表現されるため，それを改めてチームメンバー全員が納得できるように翻訳する必要がある。そのためには，チームリーダーが目的を宣言するだけでは足りない，メンバー同士で徹底的に議論する必要がある。

　目的が共有されると，次の段階としてチーム内のルールを策定する必要がある。まずは役割を決めることになるが，知識や経験が基本的な条件となり，相互に補完できる関係になることが望ましい。最終的に上司の指示に従うことによって，公式の組織は成り立つが，最終の意思決定をするためには会議などを通じて議論することが必要となる。議論に参加することで一人ひとりが当事者意識をもち，結論について責任をもって実行するようになるからである。

　そのため，会議体の運用ルールをあらかじめ決めておくと，生産性の高い議論ができる。何を目的とするのか，その目的を達成するためにどのように議論を進めるべきか，といった基本的なことを決めておくだけで，会議は円滑に進む。そして，たとえ上席者であろうと，会議の場では一旦決めたルールに従うことがポイントとなる。つまり，会議の参加者はルールに従う限り皆平等であること，発言が尊重されることが議論を活発にし，より質の高い意思決定ができるようになる。

　そして，意思決定のなかでもっとも重要なのが活動計画の策定である。それぞれの組織の置かれた状況，利用者に対するサービスなどに基づいて計画は構成されることになるのであろう。その際，最小限，4点のことを決めておく必要がある。

① **目標の設定**

　計画が終了した段階で，結果の成否が判断できる表現にすべきである。たとえば，利用者の満足度を高めるということを目的とした場合，高めることができたどうかはこの表現では判断できない。「高める」とはどのような状態か定義されていないからである。これでは各自がイメージする「高める」行為をすることになり，結果，統一性のないサービス提供になりかねない。満足度を高めるということを目的とするのであれば，計画を実行する前後でアンケートを行い測定するといった方法をとるべきである。

②　モニターのルール

　上記のように目標を決めても，環境の変化などにより予定通りに進まないのが仕事である。そのようなトラブルを想定して，定期的に計画の進捗をモニターすることをスケジュール化しておくとよい。1ヵ月に1度あるいは3ヵ月に1度など時間を区切って進捗を確認し，何らかの問題が確認した場合は，迅速に対策を検討する必要がある。

　なお，モニターのタイミングは最初から予定に組み込んでおくことと，突発的な事象が起きたときに，それをどのように確認し全員に周知するかというルールを決めておくとよい。緊急事態への対応である。異変に気がついたら，誰がどのような方法で連絡するのか，その事案をどのような会議体で対策を検討するのか，などを全員が共通に認識していれば，迅速な対応が期待できる。

③　計画の周知方法

　何よりも肝心なのは，計画内容の周知であるが，簡単なことではない。個々の職員の認識が違うことはよくある。文書などによる回覧だけで周知できることはまずない。あるいは，上席者がどのように丁寧に具体的に説明してもむずかしいことがある。具体的かどうかは聞き手である職員の判断に委ねられるからである。

　そこで，計画を周知するために，新入職者，経験の浅い職員に説明してもらうという方法がある。議論の末，決まった計画を責任者が説明するだけでなく，確認のために改めて説明してもらうのである。そのときに，計画を遂行するうえでのボトルネックを確認するとよい。経験の浅い職員はこのボトルネックを必ずしも理解していないからである。

　つまり，組織でもっとも経験の浅い職員が理解できていれば，他の職員にも周知できたと考えてよく，全員にボトネックが共有できたといえるのである。

④　ディブリーフィング

　上記の一連のステップを踏んで計画が実行された結果をレビューする必要がある。ディブリーフィングと呼ぶ。計画の目標が達成できたのかどうなのか。できなかったとすれば，その理由や背景を分析する。そのうえで，次の対策を検討する。つまり，新たな計画を打ち立て，

同じ手順で実行するというサイクルを回す必要がある。

図3-1　チームづくりのサイクル

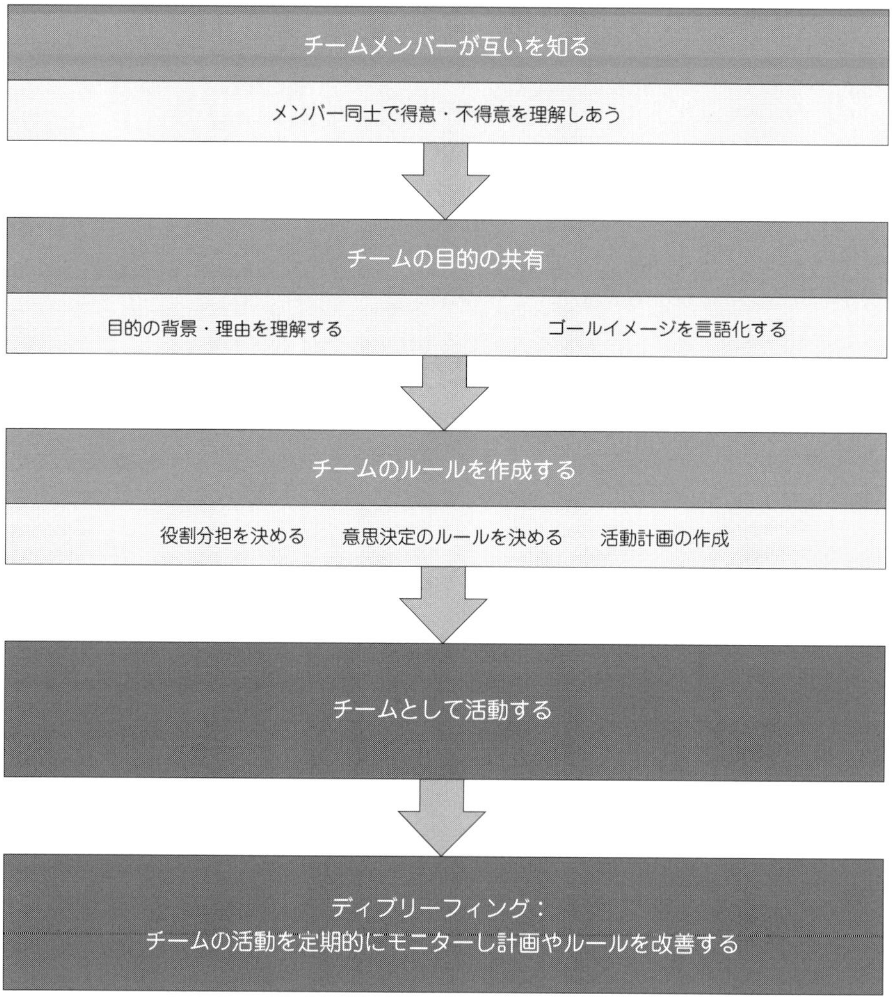

| チームメンバーが互いを知る |
| メンバー同士で得意・不得意を理解しあう |

| チームの目的の共有 |
| 目的の背景・理由を理解する　　　　ゴールイメージを言語化する |

| チームのルールを作成する |
| 役割分担を決める　　意思決定のルールを決める　　活動計画の作成 |

| チームとして活動する |

| ディブリーフィング：
チームの活動を定期的にモニターし計画やルールを改善する |

1-3　チームになる

　チームの形成，そして計画の実行という時間のサイクルを回し続けることで，チームはチームとして成立することができる。役割分担や運用ルールを決めれば，チームは成果を出すわけではないのである。時間をかけ，的確なステップを踏む必要がある。

　ケースにあるような状況，新任の施設長としてはあせらず，チームを形成するには時間が必要であることを覚悟しなければならない。時間をかけ，一人ひとりが経験を重ねることで，チームはチームとして

の体をなし，初期の目的を達成することができる。

　その期間はチームになるための学習期間である。先に説明したステップを何度となく踏むこと，成功と失敗を繰り返し，結果としてステップを踏むこと自体が習慣になることがチームになったかどうかの判断基準となる。

①　時間と衝突に向けての覚悟

　さて，新任の施設長として，最初にどのように話すべきか，重要な課題である。すでに指摘したように，性急に結果を求めるような発言をしてはいけない。ここで，全メンバーのマインドセットを一つにしておくことは，上記で指摘したステップを円滑に進める素地をつくることなる。

　さらに，各ステップが順調に，なんの支障もなく時間の経過とともに進むことはまずはない。抵抗を示す人物が現れることもあるし，自発的に行動することを躊躇する人物もいるだろう。ときには，リーダー自身がチームの進め方に悩み，みずからの運営方法に疑問を感じることもあるかもしれない。チームの方針をめぐり，チームメンバー同士が対立したときなどは，リーダーはそれまでのやり方を否定したくなるかもしれない。

　チームメンバーが多様であることは，その分，新しい視点を生み出す可能性を生み出すが，多様であればあるほど，個々人の価値観は視点に開きが大きくなることを意味する。ここで無理やりに押さえつけ，共通の認識を求めることは必ずしも得策ではない。根本原因が解消されないままだからである。つまり，火種を抱えたままでは，何かのタイミングで衝突が起こりかねない。

　いずれにしろ，チームがチームになるためには時間がかかること，その過程のなかでコンフリクト（衝突）が起きることをリーダーとして施設長は覚悟しておく必要がある。

②　覚悟の根拠

　自信をもって自分自身のやっていることを推進するために，覚悟が必要である。しかし，それだけでは心許ない。確固たる自信の根拠が必要となる。精神論は行動のエネルギーになるかもしれないが，エネルギーは枯渇することがある。自分がやっていることが理論的に正しいと確信できれば，自信につながるのではないだろうか。

今回のケースでは，チームとして活動することで，利用者へのサービスの質が向上することを目的としている。つまり，チームは目的を達成するための方法論である。方法論が理にかなっていることが望ましい。

　それでは，チームとは何か？　類似した概念に集団とかグループとかといったものがある。どこが違うのか，それとも同じものなのか，言葉の表現が異なる以上，違う概念であるとみなされる。ただし，多くの場合，グループもチームも実務の現場では厳密に区分されることはまずないであろう。区別しなくても，普段の業務を遂行するうえではそれほど問題がないからであると考えられる。概念の違いを意識しなくても，利用者へのサービスが滞ることがなければ，わざわざ考える必要はないという判断は当然であろう。

　ここで，集団の英語表記をグループとすれば，チームとグループを比較することで，チームの特徴を明確にできるのではないだろうか。そこで，両者の特徴を表にまとめると，次のようになろう。

表3-1　グループとチームの違い

	①目的	②役割分担	③行動ルール	④必要なスキル
グループ	あり	あり	事前に決まったルールに従って行動することが期待される	グループとしての公式のルールを理解することとその遂行能力
チーム	あり	あり	必要に応じて役割を柔軟に交代することが期待される	事前に決められた役割を果たすだけでなく，相互のコミュニケーションを通じて必要な行動を判断する能力

　グループの代表例として，組織における課とか部を想定すると，そこに配属された場合，担当を割り当てられるのが一般的である。総務とか，経理とか，あるいは営業という役割が決められる。そして，担当の業務の目的を果たすべく，日々努力することが求められる。時間の経過とともに，業務に習熟し自立的に担当できるようになる。専門特化すると表現してもよい。たとえば，長年，経理を担当していれば，

新人に指導ができるかもしれない。

　他方，チームにおいても役割分担にはついては同じことがいえる。サッカーでは，メンバーはポジションを与えられ，そこで期待される役割を最大限発揮しようとする。一人ひとりがポジションの役割を発揮することで，チームは試合で勝利をつかむことができるのである。

　ところが，サッカーはグループといわず，「チーム」と呼ばれる。つまり，課とか部と呼ばれる集団はグループと分類され，サッカーはチームとして分類されるのである。両者とも，目的は具体的であり，それぞれの構成員の役割を明確に分かれている点では同じである。

　それにもかかわらず，行動ルールにおいて相違することになる。サッカーの試合では，攻守が瞬間で入れ替わることがある。それまで，積極的に敵陣地に攻めていた選手が相手の反撃に対しては，防御に回る。フォワードというポジションであっても，試合の形勢によっては役割を交代するのである。フォワードという役割だけに固執していたのでは，相手に攻撃のスキを与えることになる。

　そのため，チームで目的を達成するためには，あらかじめ決めておいた役割を状況に応じて柔軟に交代できることが必要となる。これに対して，課と部といわれる部署では役割が交代することはまずありえない。誰かが不在の場合，他の人間が代理することはありうるであろうが，サッカーのようにダイナミックに他のメンバーが役割を交代することはまずない。

　チームとグループでは行動ルールが違うのである。行動ルールによって求められるスキルは変化する。チームの方がグループに比べ，より頻度高くコミュニケーションをとる必要がある。そのため，一人ひとりのメンバーがよりすぐれたコミュニケーション・スキルをもつことが，チームの目的達成に貢献することになる。

　これらの特徴がチームの定義といってよい。理論的な理解が覚悟の根拠になるはずである。なぜなら，チームが機能不全を起こしたとき，どこが問題なのかを把握できるからである。「チームは大事だから大事」といった感覚的な理解，あるいは「とにかくチームを動かさなければならない」といった根性論的な理解ではチームが機能しなくなったとき対応策を立てることがむずかしいのである。

③ 原点に戻るルール

　チームが機能する条件を改めて確認すると，時間とともに成果を出

すようになること，そしてチームの定義，基本的行動ルールを理解し
それを遂行するためのスキルをもつことである。

　チーム形成期には，いろいろなトラブルが生じる。そのようなとき，
上記の条件を繰り返し確認する作業が欠かせない。「わかっているだ
ろう」，「一度話したから大丈夫だろう」という姿勢を施設長がとるこ
とは避けるべきである。施設長が考えるほど，他のメンバーは理解し
ていないし，納得もしていないのである。経験も知識も違うメンバー
が揃っている以上，言葉や表現の理解は異なることを前提とすべきで
ある。むしろ，簡単には理解されないことを前提としなければならな
い。

　つまり，施設長として，常に原点に戻ること自体をルールにしてお
くとよい。

　ここで，これまで経験したチームについて思い出して，次の表に整
理してほしい。

宿題1　あなたのこれまでの経験から，チームで成功した経験と失敗した経験をまとめてく
ださい。

	目的の共有はで きていたか？	役割分担はでき ていたか？	行動ルールは あったか？	メンバーはチー ムプレイに必要 なスキルをもっ ていたか？
チームで成功 した経験				
チームで失敗 した経験				

2　実践のためのシナリオ
2-1　目的を共有するためのシナリオ

　チームをスタートさせようと，施設長が会議を開き，そこで議論するだけでは不十分であることはすでに指摘した。たとえば，チームの目的について施設長がいくら言葉を重ねても，共有することは簡単なことではない。とくに経験年数の浅いメンバーあるいは新しい試みに抵抗を示すようなメンバーには気をつけておかなければならない。

　そこで対応策としては，理解が不十分であろうと想定されるメンバーに説明してもらうことが最初の手続きとなる。施設長が話したことを再度，自分の言葉で説明してもらうのである。おそらく，理解が不十分な点や誤解していることが確認できるだろう。その際に，具体的な説明を求めることで，相手に気づきを与えることができる。

　さらに，実行プランなどの共有では，同じ対象者に実行するうえでのボトルネックを尋ねるとよい。表面的な理解では，実行プロセスのなかでどこに困難な箇所があるか予測できない。しかし，多くの失敗はこのボトルネックに気づかないままプランを進めることが原因となる。

2-2　プロセスをモニターするシナリオ

　目的を共有し計画をたてると，次は実践のプロセスに入るが，個々人の判断と行動が成功の鍵を握る。チームでは動いているものの，基本単位は個人である。一人ひとりがどのように行動しているか，全体の動きをモニターすることが欠かせない。リーダーである施設長は全体を俯瞰しながら，一人ひとりの状況を把握する必要がある。

　そのための方法はいくつがあるが，代表的なものとしては「報連相」が挙げられる。適宜，報告すること，連絡すること，必要に応じて相談することが大事であることを示している。報連相がうまく機能していれば，リーダーは各自の動き，今抱えている問題，悩みなどを確認できるうえに，より良い方向に軌道修正できる。

　しかし，よく聞かれることであるが，報連相がうまくできていないということである。「適宜」がむずかしいという。たとえば，報告をする側と報告を受ける側の必要性が合致したとき，適宜な報告となる。つまり，報告すべき内容について，二人が共通認識をあらかじめもっておく必要がある。連絡も相談も同じことがいえる。

事前の段取りがないまま，困ったら相談するようにといわれても，相談する方はどのような障害にぶつかったら，相談すべきか判断できない。それでも，相談すると，「自分で考えろ」といわれることさえある。

　もちろん，ICTが進んだ現代においては，情報を共有するための様々なツールがあるし，それらは活用すべきであると考える。ただし，大事なことは共有すべき情報は何かというコンセンサスができていることである。

2-3　カイゼンのためのシナリオ

　どんなに丁寧に慎重に準備を進め実践しても，計画通りに結果が出ないことがある。むしろ，実務ではうまくいかないことの方が多い。したがって，問題への対応のためにカイゼン活動は不可欠である。チームプレイでも同じである。より適切な行動をするためにはカイゼンが必要となる。それは個人の問題の場合もあるし，チーム全体の連携の問題の場合もある。

　カイゼンを進めるために，まず対策を考える必要がある。たとえば，解決策をたくさん挙げるためにブレインストーミングをすることもあるかもしれない。そして，提案された複数の解決策のなかから，選択するという手続きがとられる。

　おそらく，このようなアプローチをした場合，有効な対策を打つことはむずかしいであろう。解決策を検討する前に，状況分析ができていないからである。問題が深刻であればあるほど人間は何か打ち手を考えようとする。このような場合，十分な分析をせず自身の知識や経験に基づく仮説にもとづいて状況を判断し，解決策を打つ。アクションを起こそうという意識が強くなるからである。そして，早急に思いついた解決策は結果を出さず，次の打ち手を考えるという悪循環に陥ることがある。

　このような状況を回避するためには，やはり丁寧な状況の分析が必要となる。しかし，組織において何か問題が生じたとき分析を深めることは簡単なことではない。問題を起こした犯人探しに終始する傾向があるからである。誰かの責任で問題が起きたという結論しておけば，それ以上検討する必要がなくなるからである。特定の人間を反省させて決着をつけるというやり方といってよい。

　しかし，これでは将来同じような事案が起こりかねない。問題が生

じたときやるべきことは，人を主語にするのではなく，事柄を主語とすべきなのである。様々な要素が複雑に絡み合って起こるのが問題である。複数の要素の関係のどこかに欠落があったとき，問題は問題となるのである。そこで，人ではなく事柄を主語として状況を分析する必要があるのである。欠落した要素が見つかれば，それを補うもの，あるいは代替するものを探索すればよい。

　特定された要素を誰が対応するかという段階になったとき，初めて主役である人が登場するのである。

　さて，ここでまでの学びを活かし，施設長としての最初のスピーチ原稿を作成してほしい。

宿題2　最初のケースにおいて，施設長としてのスピーチ原稿を作成して下さい。

第4章

納得できない人事評価

～人事制度の基本

　人事制度とりわけ評価制度はマネジメントにとっては悩ましい問題である。人の行動，仕事ぶりを評価することはとてもむずかしい。ましてや，評価によって相手の給与が決まることを考えると，心理的に抵抗を感じる人もいるようである。

　一般に日本の組織は経験年数が重なると，昇給昇格するという制度をもっている。いわゆる年功序列制度である。そのため，厳格に評価制度を運用して，白黒をつけることを嫌う傾向があるのかもしれない。

　しかし，社会福祉施設は専門家集団である。経験年数よりも専門家としての技量が最優先されるべきである。提供するサービスの質に影響を与えるからである。そこで，この章では人事制度の基本を理解することを目的とする。

＊次のケースを読んで，設問に対して自分の考えを書いてください。

ケース4　初めての人事評価

　新任の施設長である川村にとっては，初めての経験である職員との面談がいよいよ来週に迫っていた。それまで勤めていた社会福祉法人では人事評価は理事長がすべて行い，昇給や昇格が決まっていた。新しい施設では，ワン・オン・ワンと呼ぶ面談制度があり，施設長と職員が年度初めに1年間の業務課題などを決め，その遂行状況を3ヵ月に1度確認しアドバスすることが規則として決まっていた。

　事前に，総務部からマニュアルが渡され，説明もあったがまだ十分理解はできていないというのが正直なところだった。それでも，これまでの職員の面談記録を確認しながら，何を話そうかという準備を進めていた。本番は思ったほどのトラブルもなく，全員の面談を終了す

ることができた。川村が期待していることと，職員が計画してきた内容がほぼ同じ方向であることが確認できた。マニュアルのおかげと，それなりの準備を重ねた結果かもしれないと考えた。そして，すぐに3ヵ月後に備え，職員の行動を観察するための計画を立てた。できるだけ機会をつくり，一緒に会話する時間もつくるようにした。ただ，その分だけ時間が取られるので，家に仕事を持ち帰ることもあった。それでも施設長としての仕事にやりがいを感じていたので，苦にはならなかった。

　就任して1年を迎える頃になると，職員一人ひとりの成長を感じることができるようになったことが何よりも嬉しかった。利用者への対応もほぼ任せることができるようになった。年度末に，本部から人事評価のシートが送られてきたので，それぞれの職員の成長ぶりを反映した評価を記入した。年度末の人事評価はSABCという分類で，最高評価はSである。川村はすべてA以上で評価した。

　ところが，総務部から評価が甘いと指摘を受けた。後日，評価の件で検討したいので，本部に出勤するように指示を受けた。一体，どこに問題があったのか皆目見当がつかなかった。丁寧に，ワン・オン・ワン面談もしたし，普段からアドバイスもしていたし，部下からも気軽に相談を受けてきた。すべてが自分の指導のせいとはいわないまでも，それぞれが成長した。本部に行く日を考えると，胃がキリキリしてきた。

アサイメント・シート

日付　　　年　　月　　　日

設問1　あなたが川村であれば，総務の担当者に対して人事評価の結果をどのように説明しますか？

設問2　本部での担当者との面談で，大幅に評価結果は修正された。そのことを職員に説明すると，不満げに「そもそも人事制度は何を目的としているのですか。やる気がでません」という発言があった。あなたなら，どのように答えますか？

1 人事制度の全体像

　そもそも人事制度とはどのようものなのであろうか。人事制度というと，多くの人は評価制度を思い浮かべる。もちろん，評価制度は大切であるが，それだけではない。組織で働くためには，働く意思があるだけでは不十分で，一般に試験や面接が課される。その人の意欲や能力あるいは経験など組織が求める条件を満たすか判断する必要があるからである。このように人事制度には「採用」が含まれる。どのような人材を採用するのか，採用のために，どのような応募方法をとるのか，試験や面接の内容をどのようにするのかを決めておくのが採用活動である。

　次に採用した人材にどのような業務を担当してもらうのかを決めることを「配置」という。本人の希望，組織としての必要性などが勘案されて，職務が決定される。ジョブローテーションといわる方法で，新人に複数の業務を担当させ，適正を判断することもある。

　また，必要に応じて，「教育」を実施する。管理職研修などが典型例である。自前で実施する場合もあれば，外部の機関を利用する場合もある。また，大量に新卒を採用するような組織では，座学などによる新人教育を行うこともある。新卒者に社会人としてのマナーを身につけてもらうことが主な目的である。

　配置された人材が一定の期間，業務をこなし，その結果が期待通りかどうかを判断するのが「評価」である。なお，評価については後ほど改めて説明する。評価の結果，「昇給」や「昇格」が決定されることになる。昇給のための条件を決めたり，昇格させる人材について検討したりするのである。

　そして，組織を離れるとき，「退職」制度が運用される。一定の年齢に達したことによる定年退職もあれば，自己都合で退職する場合もある。そのほかに，組織に何らかの不利益を与えたことを理由に懲戒解雇が行わることもある。

　人事制度の全体像は次のように表すことができる。
　それぞれの制度は一貫性をもっておく必要がある。ある基準（経験や知識などの人材要件）をもって採用された新人の配属先がその基準とはまったく異なる部署であれば，当人の意欲は削がれるであろう。さらに，不本意な仕事を担当させられ，その成果で評価されるのであれ

図4-1　人事制度のフロー

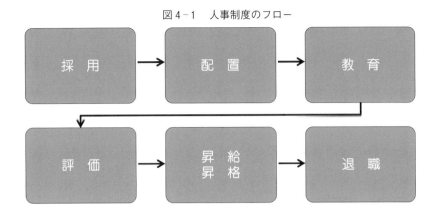

ば，不満をもつようになるであろう。もちろん，組織としての都合が
あり，そのような人事もありうるが，避けるべきである。新人にとっ
ても不幸であるし，組織にとってもせっかく採用した新人の能力を活
かしきれないからである。

　あるいは評価の結果が昇給や昇格に反映されなければ，人事制度に
不信の念を抱くであろう。総人件費や役職の席は限られていることは
事実であるが，評価結果の合理性について説明する必要がある。とり
わけ給与はそれぞれの職員の生活と直接関連するわけであるから，丁
寧な対応が求められる。

　さらに，給与ばかり高く働かない中高年が問題になることもある。
年功序列の給与制度のひずみであるといえる。若手のモラールは下が
り，退職の引き金にもなりかねないので注意しなければならない。

② 改めて評価制度の検討
2-1 評価制度の目的

　人事制度のなかで，評価制度について焦点を当てる。もっとも人の
行動に影響を与えるからである。そもそも人事制度は組織が目指す方
向に組織メンバーの行動を変容することである。ここで，組織が目指
す方向を「戦略」と呼ぶとすると，そもそも採用時において戦略を実
行してもらえる能力や経験がある人材が選ばれることになる。

　さて，実際に採用した人材が期待通りに成果を出したかどうかを判
断するのが評価制度である。その目的は大きく2つある。昇給と昇格
を決めることである。昇給とは限定された原資から給与をどの程度配
分するのか，そして，昇格は同じく限られたポジションを誰に担って
もうらかを決めることである。資金あるいはポジションにという組織

内の限定された資源を配分するための基準となるのである。もう一つの目的は育成することである。一定の期間の行動の成果がどのような状況なのか，当初の目的を達成することができたのか，あるいは十分でなかったのか，それを確認することで次の課題を特定するためには，結果を確認する必要がある。この営みが成長を促すことになる。与えられた業務を遂行したら終わりで業務の成否を問わなければ，当事者は達成感を得ることもできなければ，反省することもできない。行動の結果が評価されて，次の業務への意欲が喚起されるのである。このように評価は個人の成長，育成を目的としている。

図4-2　評価制度の目的

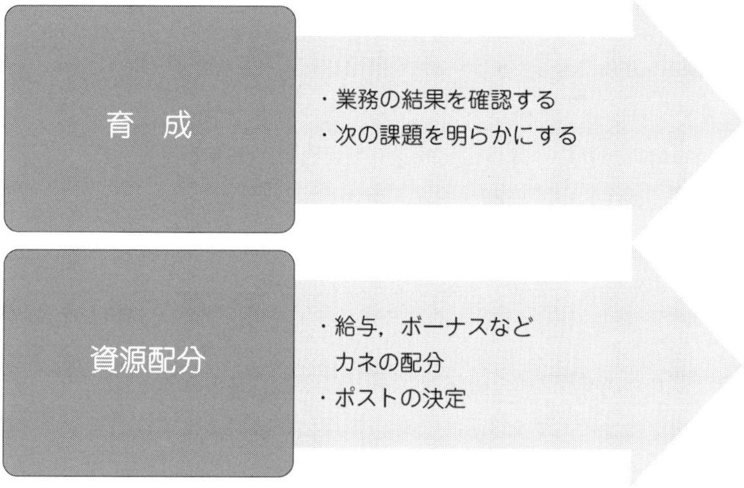

| 育　成 | ・業務の結果を確認する
・次の課題を明らかにする |
| 資源配分 | ・給与，ボーナスなど
　カネの配分
・ポストの決定 |

2-2 評価制度の運用ポイント

評価制度が資源配分と育成を目的とすると，評価の方法に違いが生まれる。

資源配分を目的とするのであれば，相対的な評価が必要となる。つまり，順番をつけなければならない。順位がやる気を高めるからであり，給与の原資は限定されている以上無限に昇給はできないのである。したがって，相対評価を平等に行うためには，組織全体で比較検討する必要がある。

これに対して，育成を目的とする場合，絶対評価しなければならない。子育てをイメージするとわかりやすいだろう。食事のマナーを幼児に教えるとき，相対評価では躾にならない。箸の持ち方が正しいか，

迷い箸，刺し箸，寄せ箸はしていないか，茶碗の糸底をきちんとおさえているか，など何ができていて，何ができていないのかを確認しなければならない。そして，できていないことが次の食事のトレーニングの課題となる。根気強い保護者のもとステップを丁寧に踏みながら子どもは食事マナーを身につけていくのである。

　他の子どもに比べ，箸の使い方がうまくないということを気にすることはあるかもしれないが，うちの子は5段階評価で3であるといった判断はしないであろう。あくまでも，ゴールは箸使いがきちんとできるようになることである。

　このように人を育てるためには絶対評価が基本なのであり，子どもであっても成人であっても変わるところはない。新人は最初それほど知識や技術を必要としない業務を担当するが，経験が重なるにつれてより難易度の高い業務に取り組むことになる。たとえば，高齢者施設

図4-3　評価制度における育成と資源配分のポイント

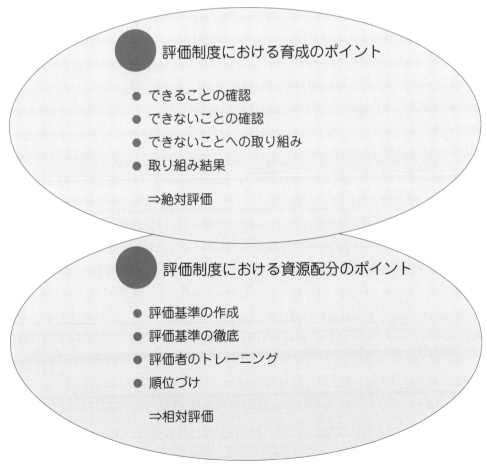

59

の新入職者は最初，利用者の食事介護，ベッドのシーツの取替が最初の仕事となろう。そして，業務の経験年数が増えると，利用者だけでなく，利用者の家族の相談にも対応するようになる。

多様な仕事を担当できるようになるために，指導のもとにステップバイステップでしかも試行錯誤を繰り返し，ときには叱られるという経験をするのである。

2-3 評価が苦手な背景

さて，ここまで人事制度，そしてとくに評価制度に焦点を当てて考察してきた。しかし，原則が理解されても，それを実行にすることは簡単ではない。その主要な理由は，日本の組織の多くは評価の内容に関係なく昇給そして昇格が決まる慣行があるからである。定昇という制度をもつ会社があるが，仕事の成果にかかわらず社歴が1年重ねるごとに昇給する仕組みである。このように給与が増えるのであれば，評価するためにかける時間や労力は意味がないと考えるであろう。同じようなことは昇格にも当てはまる。一定の年齢になると，管理職になることを規定路線とする組織も少なくない。

いずれにしろ，これまでの日本の労働慣行では，評価制度が機能してきたとは言い難い。そのため，現在でも評価制度の目的が十分に理解されていないように思われる。

宿題1 育成のための評価制度として次のようなものがあります。その特徴を整理してください。

方　法	特　徴
MBO（目標管理制度）	
ワン・オン・ワン	

③ 人事制度の主役を考える

3-1 人事制度の設計者

　人事制度はだれがつくるのか。人事部のある組織では人事担当者ということになろう。あるいは正式に人事部がない場合には総務などの担当者が作成することになる。先に見たように人事制度が対象とする範囲は広い。一人の担当者だけではむずかしいし，大規模な組織では人事部員であっても特定の業務の知識しかない場合がある。毎年何百人も新卒採用するような組織では複数の担当者がいる。

　それでは人事部はどのような基準で制度を設計するのか。このことを考えるためには，そもそも人事制度の目的を確認しておく必要がある。人事制度の構成要素である評価制度の目的は育成と資源範囲であったが，育成といってもその内容を特定しなければならない。教育機関とは違うのである。組織が人材を育成する目的は組織に貢献する能力を身につけてもらうことである。同じく優先的に資源配分を受けることは組織に貢献したことを意味する。

　組織に貢献するということは，組織が成し遂げようとしていることの一端を担うことである。経営計画あるいは経営戦略を実践するために役割を果たすことである。そのための行動を一人ひとりにとってもらうことを人事制度は目指している。

3-2 人事制度の運用担当者

　設計された人事制度は行動として具体化されたとき初めて，その目的を達成することができる。日々の業務のルールは人事制度に基づく必要がある。そのために，管理職はつねに注意を払わなければならない。

　これが原則であるが，実務において実行されているかというと心許ないところが多い。より直近の目標を達成することに集中する傾向があるからである。そのため，人事制度というと，評価のタイミングに自覚されるくらいという状況になりかねない。しかし，定期的な評価時だけでは人事制度の本来の目的を達成することはむずかしいであろう。

　このような状況は避けなければならない。そのために，人事部は管理職に人事制度の運用責任があることを伝えておかなければならないし，的確に運用できるように仕組みを整えておくことも欠かせない。

3-3 人事制度は組織のルール

人事部が制度を設計し，管理職が運用を担当しただけでは人事制度は完結しない。一人ひとりの行動が変わらなければ意味がない。しかし，人事制度，とりわけ評価制度は制度のための制度として，形式的に運用されることもある。このことは多くの人にとっては，まさに人事制度は他人事になっていることを意味する。

人事制度は，組織の構成員すべてにとっての行動のルールなのである。ルールを徹底するために人事部は，人事制度の全体像，その目的を全メンバーに周知する機会を定期的にもつべきである。不明な点はいつでも人事部に尋ねることができる仕組みを設けること，双方向のやり取りがなければ，結局，一方的な指示に留まる危険性がある。

図 4-4　人事制度の目的を達成するための主役

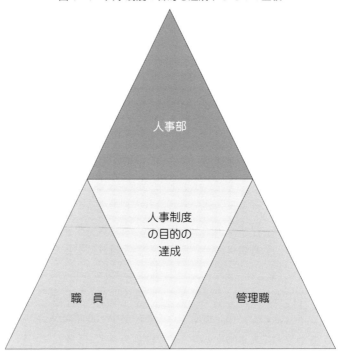

人事部，管理職，職員が三つ巴になって，人事制度を運用することで組織の目的が達成できるのである。

4 人事制度の運用のポイント
4-1 トップの視点が必要

これまで日本の人事制度は年功序列などを特徴として，ある期間の業務の成果を厳密に評価して昇給するといったことは一般的ではなかった。長期間にわたって組織の一員であることが評価されていたと言い換えてよい。

宿題2　日本の伝統的労働慣行として，終身雇用，年功序列，企業別労働組合があるといわれます。それぞれの特徴を調べまとめてください。

	特　徴
終身雇用	
年功序列	
企業別労働組合	

このような日本の労働慣行は社会的，歴史的な背景があり，その存在は合理的なものであったといえる。しかし，時代の変化とともに変更を迫られている。しかも，すでに指摘したように，人事制度は戦略と密接に結びついている。

そこで，人事制度を的確に設計し運用するためには，トップの視点が欠かせない。組織の全体最適を考慮する必要がある。たとえ，中間管理職という立場でも視点を上げることはできる。硬い表現をすれば，

思考実験といってよい。組織のトップになったら，メンバーの行動がどのように見えるか，そしてどのような行動を望ましいと考えるかシミュレーションしてみると，いろいろな気づきが生まれるであろう。

4-2 人事制度の影響力

人事制度は人を動かすための道具立てである。組織として，望ましい行動をとるようにメンバーに期待役割を伝え，結果を評価することが目的である。人に行動変容を求めようとした場合，人事制度以外にコミュニケーションによる方法がある。代表例はリーダーシップである。

リーダーシップと人事制度を比較すると，前者の影響範囲は限定的である。直接コミュニケーションをする相手の行動にしか関われないからである。もちろん，コミュニケーションの場や回数を増やせば，制約条件は多少緩和できる。しかし，制度に比べ，その対象は少数である。ただし，リーダーシップには即効性がある。話している最中でも，行動変容を促すことができる。したがって，スピード感をもって人間の行動を変えたい場合には，有効であるといえる。

他方，人事制度はそれを共有する組織の構成員すべてに影響を与える。構成員が自覚しているかどうかは別であるが，制度から著しくかけ離れた行動を取った場合，修正を求められる。組織の構成員が10人であれ，10万人であれ，制度が設計され共有されることで，行動に影響を与えることができる。

ただし，共有され実践されるためには時間がかかる。制度の目的の理解，運用のポイントを浸透させるための時間は構成員の規模によって左右される。やはり，10人の組織と10万人の組織では必要とする時間が違うのである。

4-3 人事部の役割

人事部が人事制度を設計する主役であることは指摘したが，一度，設計されるとマイナーチェンジはあるものの長期間にわたって運用されることになる。

今回のケースにも該当することであるが，人事評価する管理職と人事担当者のコミュニケーションが十分でないことがある。人事制度を設計すれば人事部の業務は終了し，あとの運用は現場が担当という考え方が背景にある。

　しかし，評価制度を目的通りに運用するためには，トレーニングが必要である。新任管理職のための研修で一度，制度を説明するだけでは日々の業務に追われるなかで記憶は不確かなものになる。年数が経るとともに，自己流にもなりかねない。実際，管理職が同じように評価面談をしてもバラツキが大きいことがある。やはり，定期的に人事制度について説明する場を設ける必要がある。面談担当者の悩みなどを聞き取ることができれば，さらに望ましい。

　制度は運用プランも含めて設計されるべきである。この視点が欠けていると，問題が生じることがある。設計したあとの運用はマニュアル任せというやり方では現場の混乱を回避することはむずかしいのである。ところが，人事制度の運用に注力する組織は少数派のようである。

　また，人事部においても，制度設計に直接関わることができる担当者は必ずしも多くない。抜本的に人事制度を改革することは数年に一度くらいしかないからである。この点からも運用プランをしっかりと準備しておくべきである。くわえて，職員からの問い合わせに常時，答えることができる仕組みをつくっておくとよい。人事担当者からの一方的な説明だけでは，個別の事案に関連する疑問を解消することがむずかしいからである。

　さて，これまでの学びをいかして，再度，課題に取り組んでほしい。大きな成長を自覚できるはずである。

第 5 章

報連相ができない職員

〜トラブルへの対応

　施設の仕事は多岐におよぶ。定型的なものもあるが，多くは例外対応である。利用者への個別対応が必要であることは言うまでもないが，その対応の巧拙は職員の能力や経験など属人的な要素に左右されることがほとんどである。これは施設のマネジメントの視点からいうと悩ましい問題である。提供するサービスの質をコントロールすることがむずかしくなるからである。

　組織は構成員の役割をあらかじめ決めているが，これを職務設計という。そうしなければ，利用者の対応に混乱が生じるからである。ただし，役割分担すれば，運営が円滑に進むというわけではない。業務を進めるなかで，想定外の問題が生じることがあるからである。このとき大切になるのが，報連相であるといわれる。しかし，多くの組織では報連相がうまく行われないという悩みを抱えている。そこで，本章では職務設計の基本とその運用ポイントを検討する。

＊次のケースを読んで，設問に対して自分の考えを書いてください。

ケース 5　一生懸命な介護士

　「できるだけ利用者の方に寄り添うようにと，いつもおっしゃっているじゃないですか。それなのに今回の件でこんなふうにいわれるなんて心外です。大塚さんが一生懸命，歩行の練習をしているのにやめろとは言えません」。

　少し興奮気味で介護士の山本は発言した。

　「たしかに，大塚さんの担当として，積極的に機能回復のためのサポートをして欲しいと言いました。ただね，急にやると体にかなりの負担がかかって，別の症状が出る可能性もあるのよ」と施設長の林は

諭すように言った。

　山本は「でも，大塚さん，もっとたくさん練習して，早く自宅に帰りたいといつもおしゃっていました。だから，私もできるだけ応援しようと思ったのです。たしかに，歩行の練習のあとは，ベッドでしばらく休むこともありましたが。それでも，嬉しそうに練習していました。どのくらいの運動量がちょうどいいかは，施設長からは指示をいただけてないじゃないですか。目安を前もって教えてもらっていれば，問題なかったのに」。

　山本は介護士として３年目であり，施設内の仕事は一通り担当することができるようになっていた。仕事ぶりも，とても熱心だった。小学生の頃，病気がちの祖母の世話をした経験から，介護士を志したという。「やさしや思いやり」が介護の基本だという考えをもち，同僚に事あるごとに話していた。

　今回の件も人一倍の熱心さが理由かもしれない。大塚がひとり歩行の練習している最中に転倒し，念のために提携病院に検査入院したのである。

　「山本さんに，もっと歩ける姿を見せたくて，つい頑張りすぎたみたい。心配かけてごめんなさい」といって，大塚は病院に向かった。

アサイメント・シート

日付　　　　年　　　月　　　　日

設問1　大塚が転倒した理由は何だと思いますか？　できるだけ多くの理由を上げてください。

設問2　このような転倒事件を起こさないために，施設長である林は何をすべきだったと考えますか？

社会福祉は思いやりか？
1-1 思いやりとは何か？

目の前に困っている人がいれば，手を差し伸べるべきという道徳的規範がある。しかし，現実に行動に移せる人は少ない。白杖をもった視覚障害者が横断歩道を渡ろうとしているとき，声をかけるべきか，あるいは手を引くべきか迷うことがある。経験がほんどないということも理由であろうが，そもそも適切な行動は何かを知らないからではないだろうか。

もし，体に触れることを躊躇して，白杖を引っ張って横断歩道を渡ろうとしたら，その視覚障害者はパニックに陥るであろう。視覚障害者は一人で外出すること自体，緊張を強いられており，唯一の頼りは白杖である。白杖で道の凹凸などの形状を知り，どこで曲がるべきか判断できる。白杖がタッチする音で，歩道の材質，小枝なのか小石なのかも識別できるといわれる。さらに，白杖の音の反響で自分がいる建物の大きさもわかるという。白杖は身体の補助具というよりも身体そのものなのである。

したがって，親切心で白杖をもって歩行の手伝いをしようとする行為は晴眼者が急に目隠しされて横断歩道を渡らされるようなものなのである。この思いやりから行動を起こした人物は目の前の視覚障害者が不安のどん底にいることなど想像できていないであろう。むしろ良いことをしているという自負心しかないからである。

同じようなことは，車椅子利用者に対してもいえる。坂道を登るのに苦労しているところ見かけ何も声かけず，いきなり後ろを押し出したら，車椅子を使っている人にとっては恐怖以外の何ものでもない。思わず大声でやめてと叫ぶかもしれない。その声を聞いた当人はせっかく親切に手伝ってやったのに，抵抗するとは何事かと思うかもしれない。

せっかくの善意からの行動が無に帰す，あるいは相手を傷つけることになるのはなぜであろうか。

1-2 思いやりの先に必要なもの

ケアを受ける人に対する思いやりが大事であるといわれる。ただし，そのとき，その場で必要とされているケアを本当に理解しているのであろうか。ニーズを把握できても，それを満たす能力はあるのであろ

うか。理解レベルでのミスマッチ，能力レベルでのミスマッチが生じることがある。先にあげた視覚障害者が横断歩道を渡る事例は後者に起因する。

　思いやりの押し売りはときに危険な状況を引き起こす。医療ケアの必要な子どもが苦しんでいるからといって，人工呼吸器を操作する素人はまずいないであろう。しかし，車椅子を突然押す人はいるかもしれない。

1-3　心より行動

　ケアの質はスキルで決まる。このことを忘れがちである。ケアによって生活が支えられている以上，そのケアが必要条件を満たすことができなければ，日常活動に支障をきたすのである。スキルを伴わず心ばかりが先行すると，意図とは違う結果をもたらすことになる。

　このことはプロフェッショナルとしてケアを担当する者にとって，スキルの向上が不可欠であることを意味する。今，様々な研究成果をベースとして，スキルは変化している。つまり，10年前に学校で習ったスキルが今も有効とは限らないのである。日々の研鑽が必要なのである。

　もちろん，社会福祉を職業として選択するという理由として，子どもや高齢者，あるいは障害者への思いやりが出発点であることを否定するものではない。ゴールではないということである。しかも，そのゴールは経験を積めば積むほど遠くなる。そのため学び続けなければならないのである。

2　学ぶ力
2-1　「学力」再考

　日本で生まれ，育つと，9年間の義務教育を受ける。このとき，重視されるのが「学力」である。国語，社会，数学などの科目を学ぶことが必須とされる。科目の成績が良いと高校や大学への進学が有利になる。

　中学では定期的に試験を受け，序列がつけられることがある。ちなみに，試験のときに他人の助けを借りることは不正な行為となっており，学校教育では個人で完結することがよしとされる。そのため，学校で成績の良かった人は自分で努力して解決するという志向が強いかもしれない。

改めて，日本の学校教育で培われる学力の特徴として3点指摘できる。

1）学ぶべきことがすでに準備されていること
2）学びは個人の営みであること
3）正解不正解が明確であること

　上記のように整理すると，いずれも社会人なってからの学びとはだいぶかけ離れていることに気づくであろう。

2-2 社会人としての学び

　今回のケースのように，卒業した学校で習ったことの実践と，すでに触れた思いやりだけでは仕事の上で壁にぶつかることになる。

　まず，学びは一人だけの営みではないということである。組織の一員として活動する以上，役割分担があるがそれらを超えて協力し，学び合うから質の高いサービスを提供できるのである。集団で学ぶということが公式のルールになっていなくても，必要性があることはいうまでもない。たとえば，上司や同僚に相談するということは学びの機会であるといえる。指示されたことをやってみたけど，うまくいかない。あるいは，そもそも指示通りに実行できたか自信がないなどの理由から，相談することがある。そのとき，アドバイスしてもらうことにより新たな試みができるであろう。

　さらに，自分の現状を言語化し相手に伝えようとすることで悩みが解決するという効果も期待できる。この場合は相手が必ずしも解決策を提案する必要はない。そもそも相談相手がいつも的確にアドバイスしてくれるとは限らないのである。それでも，一緒に相談し合うことで解決の切り口が見つかることがある。思考の過程を外化することによって，アイデアが生まれるといわれる。

2-3 社会人の学びの条件

　学ぶことは正解を知ることではない。これが義務教育での学びともっとも違うところである。つまり，社会人の学びは永続的な営みである。より質の高いサービスを提供するために何をすべきか考え続けることが不可欠なのである。ある意味でゴールが見えないのである。この特徴に戸惑う新人は少なくないであろう。上司や先輩に尋ねれば，何らかの答えが得られるはずだと思い込んでいる場合がある。正解が

得られない場合は，相手に不満を抱くことさえある。

　学校教育に基礎を置きながらも，社会人として身につけるべきスキルとしてカッツはテクニカル・スキル，コミュニケーション・スキル，コンセプチュアル・スキルの３つを上げている。

宿題1　カッツの３つのスキルについて調べ，代表的なものを整理してください。

	特　徴
テクニカル・スキル	
コミュニケーション・スキル	
コンセプチュアル・スキル	

③ 職務設計の基本
3-1 職務の割当

　組織が職員に職務を割り振るときのロジックは，

1）組織としての必要な業務を分解した単位の一つを担当してもらうこと

2）教育の一貫として，仕事を通じて成長してもらうことを目的すること

3）社会福祉施設などの場合，法律が規定する有資格者を配置すること

である。

組織の運営上，必要である職務を担当してもらうためには本来，その職務を遂行できる能力をもっていることが望ましいが，現実には想定される能力が十分でなくても担当を任せることがある。組織の人員は潤沢ではないからである。ほとんどの福祉施設はギリギリの数の職員をやりくりしているというのが実情である。

　そのため，十分な経験がない人材に，重い負担感のある業務を担当してもらうこともめずらしくない。このような職務分担のやり方は若手の離職の原因になることもある。

　組織の都合で職務を割り当てるだけでは，必ずしも組織が円滑に動くわけではないのである。このことは単に経験の少ない職員に当てはまるだけでなく，ベテランの職員にも当てはまることがある。たとえば，本人の意向に関わらず，管理職に登用することがある。能力以前の問題として，その職務自体に魅力を感じていないのであれば，組織の期待する役割を果たすことは厳しいであろう。

3-2 仕事が人を育てる

　仕事が組織との労働契約であるとみなすと，契約時点で取り決めた業務を退職するまで担当することになる。そのことは，勤務期間中，賃金も変化しないことを意味する。このような働き方にもっとも近い雇用形態はアルバイトとかパートである。

　これに対して，正社員，正職員で採用された場合は，人材育成の観点からいろいろな仕事を経験することが日本の組織では一般的である。このような労働慣行をメンバーシップ型雇用といわれる。単身赴任のように，家族とは別の生活を強いられることがときに問題として指摘されることがあるが，その背景にはメンバーシップ型雇用があると考えられる。

　たしかに，仕事を覚えるためには，本や座学よりも仕事の経験は効果がある。しかし，組織の都合で業務が変わったり，職場が異動になったりすることは個人として不利益が生じることもある。同時に，ある職務に関心があるかどうかは多くの場合，実際に担当してみなければわからないことも事実である。個人の先入観だけでは適性が判断できないし，その人が成長する機会を奪う結果になりかねない。

　本人の意向を斟酌しながら，どのように新しい業務を経験させ成長してもうらのか，職務設計のポイントの一つである。

宿題 2　労働慣行にはメンバーシップ型とジョブ型の 2 類あるといわれます。両者の特徴を調べて，下記の表にまとめてください。

労働慣行の種類	特　　徴
メンバーシップ型	
ジョブ型	

3-3　専門職という束縛

　社会福祉施設では，法律で業務が規定されている職種がいくつもある。それは高い専門性を要求していることを意味しており，職種の壁を超えての業務は認められないこともある。そして，それぞれの職種にプライドをもって仕事をしている。

　そのため，他の職種からの助言などに耳を傾けない傾向がある。自分たちのテリトリーであるという感覚もあるし，そもそも素人が口を挟む必要などないという意識はあるのかもしれない。このことはときに視野狭窄に陥る危険を示している。

　しかし，社会福祉施設は組織であり，複数の人間の協働の結果としてサービスを提供している。専門の分野だけで完結するものではない。サービスの質を高めるためには，それぞれの業務の成果を評価し，次のステップに進む必要がある。

　専門分野で完結することはないという前提に，職種の壁を低くすることが求められる。そのために，本来の専門分野とは違う業務を経験してもらうことが大事である。他の業務担当者がどのような視点や判断基準で業務を遂行しているかがわかるからである。具体的にはジョブローテーションによって，いくつかの業務を経験してもらうという方法がある。専門職の束縛を超えることを想定した職務設計では考慮

すべきことなのである。

④ 職務を遂行するための要点
4-1 トラブルが起きるのが仕事

　どのように精緻に職務設計をしても，予期しないことは起きる。経済状況の変化，政策の転換による法律の改定あるいは新しい法律の成立などといったマクロ環境から，職員の退職あるいは利用者の減少などの出来事はめずらしいことではない。

　むしろ，そのような予期しなかったことが起きるのが社会であるし，組織である。例外ではなく常態であるといってよい。ある問題に直面したとき，それを解決することが施設長などの組織の運営者にとって重要な仕事の一つなのである。

　このような認識あるいは覚悟がなければ，何か事があったとき平常心を失い，適切な対応する以前に組織が混乱することになる。組織の運営においてトラブルは起こるものなのである。このような態度は経験によって身につくものであるかもしれないが，事前に理解しておくことに越したことはない。

　むしろ，トラブル対応で重要なことは，できるだけ早く事態を知ることである。つまり，報連相のなかで，スムーズに報告がなされることである。しかし，問題に直面するのは担当者であり，その状況を報告すべきかどうか迷うことが多い。いくつかの理由が想定されるが，責任が問われるのではないかという不安から報告しないこともあろう。あるいは，そもそも眼前の状況が問題と認識していないこともある。本章のケースはこれに該当する。

　本人の責任を問うことはできるのであろうが，現実的ではない。本人の能力に依拠することになるからである。それぞれの能力が違う以上，ある人は問題と認識し，別の人は認識しないのでは組織としての運営が危うくなる。個別性があることは当然のことであり，それを無視して対応しようとしても意味がない。

　もちろん，長期的な視点に立てば，教育によって判断能力を育成するという方法もあるかもしれない。それでも個人によって対応が違うことは想像に難くない。

　そこで大切になるのが，報告のルールをあらかじめ決めておくことである。「必要なときに，部下が報告しない」と嘆く上司がいる。ここで検討すべきことは，必要なタイミングとはいつかということであ

る。上司のいう「必要なとき」は，ほぼ上司自身が必要とするタイミングである。しかし，そのタイミングが部下も同じであるとは限らない。むしろ，両者にズレがあるかから混乱が生じるのである。

　つまり，職務を遂行するうえで，どのような状況，タイミングで報告すべきかを決めておくべきなのである。とくに状況判断は日常の常態がどのようにあるべきなのか，ケースに即していえば，高齢者の動作，生理状態が正常とはどのように観察し判断するかを徹底すべきである。

4-2　トラブルへの対応

　対応の視点からすると，トラブルには 2 種類ある。計画していたことが計画の通りに遂行されなかった場合，まったくの不測の事態が生じた場合である。前者は担当者からの「報告」で把握することができる。指示したことができたかどうかの判断は比較的容易だからである。もちろん，計画段階で，どのような状況になったら連絡するようにとか，定期的に進捗を報告するようにしておくと，トラブルの初期の段階で把握できる可能性が高まる。

　これに対して，予測できなかった事態が起きた場合，その事態が問題なのか，日常的な出来事であるか，担当者が経験したことがなければ，判断がつかないであろう。もちろん，上司にとっても想定外の場合もある。

　不測の事態では，優先すべきことはできるだけ迅速に事実を収集することである。ただし，必要とする情報を入手することがむずかしいことが多い。トラブルに直面した担当者は保身に走り自分に都合の良い情報しか伝えないことがあるからである。そのため，トラブルが生じたとき必要な情報を知るためには，結局，日頃から担当者とコミュニケーションを密にしておくことが最善策であるといえる。

4-3　トラブルを最小限にする

　トラブルの情報を迅速に得ることができたとしても，適切に解決できるかどうかは別である。経験があれば，知識があれば良いという訳にはいかない場合がある。施設長であれば，問題を解決しなければならない立場にあるが，自分だけで考えることは避けるべきである。

　複雑な問題は多様な視点がある方が解決につながることが多い。一人のなかに閉じた問題解決手法では太刀打ちできなくても，多くの人

間が集まり，状況を多面的に分析するための場をつくることが，施設長には期待される。設定した場が活性化するためには，犯人探しではなく，事柄の関係性に焦点を当て，様々な視点，意見を受け入れるというルールを厳守することが必要である。

　一人の発言が他の発言のきっかけ，気づきを誘発すること，それらの連鎖が継続することで，トラブル解決の道筋が見えてくるといわれる。このような認知プロセスを「分散認知」と呼ぶことがある。

　さて，改めて設問2について，自分自身の考えをまとめてほしい。

第6章

施設長の究極の仕事

～次世代を育てる

〓〓

　家族を介護するということに資格はいらない。しかし，必要とされる時間と労力は並大抵のものではない。ときには，介護疲れを理由に不幸な事件が起きることもある。思いやりや家族愛だけでは片付けられない問題がある。つまり，個人の両肩に頼った介護ではやがて限界にぶつかる。介護保険制度が始まり，社会全体として介護に取り組むことが一般的に認識されるようになった。それにもかかわらず，特定の家族が介護の負担を全面的に背負うということは現在でもめずらしくない。

　このような社会的な情勢のなか，介護施設の役割は大きい。とくに期待されることは，継続的にサービスを提供することである。つまり，経営不振や人手不足を理由に施設を閉鎖することは，利用者そして家族にとって大きな痛手となるだけでなく，働く職員が仕事を失うことになる。

　そのために，施設長にとって次の世代を育てることが必須の課題となる。

＊次のケースを読んで，設問に対して自分の考えを書いてください。

ケース6　キャリアの締めくくり

　退職の日が来週に迫った。施設長として勤めたのが10年余り，一般の職員の時期も含めると20年ほど社会福祉の仕事に従事したことになる。この期間はまさに疾風怒濤という表現がぴったりだった。

　杉田は40代で，この世界に飛び込んだ。法学部を卒業して，一般企業に務めたが，出産を機に専業主婦となった。当時は仕事と育児を両立するための制度が会社にはなく，両親からも子どもの幸せのために

育児に専念するようにと説得された。それほど抵抗感なく，家庭に入り子育てを楽しんでいた。子どもが小学生になり，手がかからなくなったことを契機に，再び仕事を始めようと考え，友人や元同僚に声をかけていた。

　そのような時期に，実家から母親が脳梗塞で倒れたという連絡があった。急いで病室に駆けつけると，一命はとりとめたものの医師からは寝たきりの生活になることが宣告された。父親は家事などしたことない昭和世代であった。医師の言葉を聞いたとき，自分が両親の面倒をみなければという覚悟のようなものが湧き上がった。

　それからは子育てと介護の生活が始まった。しかし，2年ほど経つと母親は徐々に意識が朦朧となり，話しかけても反応がほとんどなくなった。同時に父親も健康を害し，歩行がむずかしい状況になったので近くの高齢者施設に入所することになった。両親がこのような状況になると，杉田自身が終日，介護を担う必要がなくなった。このとき42歳だった。このまま専業主婦を続けるのか，思い悩んだ。

　新卒のときは，あまり考えもせず就職したが，それなりに充実していた。しかし，人生のなかで子育て，介護を経験することで，社会福祉の仕事に従事したいと考えるようになった。保育士か，介護士か，社会福祉士か思い悩んだ末，社会福祉士を選ぶことにした。その資格を取得すること，そして専門的な知識を得るために大学院へ進学した。無事，社会福祉士になると，ある高齢者施設から声がかかった。将来の施設長候補として入職してほしいという誘いであった。

　まさに，自分がやりたい仕事であった。卒業と同時に働くことを決めた。子どもが思春期を迎えた頃であったが，自分の働く姿を見せればむずかしい時期も乗り越えることができるだろうと考えた。実際，働き始めると家族はいろいろな面で協力してくれた。

　遅咲きのスタートではあったが，5年後には施設長に昇進した。それから今日まで時間はあっという間に過ぎた。今振り返ると，「仕事の鬼」だった。自分も苦労してきたので，他の職員にも自分と同じように行動することを求めてきた。相手のためには叱責することも当然だと考えていた。そうしなければ，仕事を覚えることはできないと考えていた。施設の経営も順調で，利用者や家族からの評判も良かった。

　職場を去る日が近づき，自問することは「自分が施設にどのような貢献したのか」ということであった。施設長として，何を残したのか，他の職員に何を引き継ぐことができるのか。そう考えると，何も言葉

が浮かばなかった。自分がやめても，これまでと同じように職員は仕事を続けることであろう。とすれば，そもそも自分は施設にとって必要な人材だったのか。

アサイメント・シート

設問1　ケースにもあるように「部下は叱って伸ばせ」という考え方に，あなたは賛成ですか，それとも反対ですか？　いずれの場合も理由を書いてください。

設問2　施設長という仕事のゴールは何だと考えますか？

1 部下を育てる
1-1 育成の第一段階

　社会福祉施設で働く多くの職員は入職前に学校での教育，あるいは試験のための専門的な勉強をしている。かなり若いときから，専門職を目指す人も少なくない。たとえば，社会福祉科や看護科をもつ高校もあり，10代から職業意識の高い人材も少なくない。

　就職する前に，一定の専門知識を身につけているが，それだけで施設の日々の実務を担当できるわけではない。経験が必要であり，教科書に書かれていた内容がどのように実践されるのか，体を動かしてみなければわからない。障害者をベッドから車椅子に移すとき，どのように体重を移動させるべきか，どのタイミングで相手に声をかけ不安をなくすことができるのか，繰り返し慣れるしかない。さらに，介護者の体力や体格の違いによって，工夫をする必要も出てこよう。

　したがって，施設長の仕事は新入職者が一人前にケアの仕事ができるようにすることである。高齢者施設であれば，食事，排泄，入浴，介助などいろいろな課題がある。どれも教科書を読んだ知識だけでは対応できないであろう。食事を例にとると，食物を嚥下するタイミング，スピードなどは人によって異なる。相手の様子を観察しながら，口に食物を運ぶタイミングを見計らう必要がある。介護する側の都合で，無理やり食べさせたのでは誤嚥などの事故が起きかねない。

　この段階での育成方法は手取り足取りという表現がぴったりかもしれない。先輩職員の一挙手一投足を観察し同じようにできるようになることである。一人前になるために，教育することは大事であるが，そのための仕組みが欠かせない。ただ，先輩職員のやり方を学びなさい，わからないことは聞きなさいではだれに教わるかによって習得する内容やスピードが異なることになろう。

　新人にとって一番の悩みは「何がわからないかがわからない」ことである。それでも積極的に他の職員に質問する新人は成長が早いかもしれないが，他方で引っ込み思案であれば，なかなかコツをつかめない可能性がある。そのため，属人的要因にできるだけ左右されないように，たとえばOJTのプログラムを作成しておくことなどが必要となる。新人の指導者を決め，あとはおまかせというやり方は避けるべきである。

宿題1 職員教育には一般に OJT と Off-JT とに分類できます。それぞれの違いを下表にまとめてください。

教育方法	特　徴
OJT	
Off-JT	

1-2 育成の第二段階

　施設は複数の職員の協働によってサービスを提供している。役割を分担しているからこそ限られた人数でも利用者に一定の満足を与えることができるのである。厳密に表現すれば，役割分担だけでは不十分で，役割が相互に補完することではじめて利用者が望むサービスを提供することができる。

　そのため，複数の人間の動きを目的や状況に応じて調整することが必要となる。集団の規模が小さければ，互いに相手の行動を見て，次の行動を予測し行動を変えたり，あるいは予定通りに行動したりすることができる。必要に応じて，声をかければ必要なタイミングでサービスを提供できる。

　しかし，組織の規模が大きくなれば，いつも物理的に近いところで仕事をしているとは限らない。個人の担当業務を超えた領域で，各自が行動を調整することは簡単なことではない。そこで，各自の行動の管理を担当する人材が必要となる。

　「管理」は多くの職員にとって学んだことのないテーマである。くわえて，入職前に管理職を目指す人材は少数派であろう。小学校の教員が最初から校長を目指すことは稀で，子どもたちの成長をサポートしたいという志が働くうえでの源泉である場合がほとんどであろう。

そのため，教頭や校長などの管理職になることを拒否する，あるいは一旦管理職に就いても降格を申し出る教員もいるといわれる。

　小学校の事情は社会福祉施設でも例外ではないようである。利用者に寄り添うために働いているのだと考える職員に管理職としての役割を期待することはむずかしい。新人教育は本人と組織の意向は一致しているが，管理職の養成は両者の考え方が同じであるとは限らない。

　ここで，施設長は管理職の重要性を説く必要がある。組織は役割分担することで，より質の高いアウトプットを出すことができる。そのためには各自の役割を調整する機能が欠かせないという論理である。

　ベテランだから管理職に抜擢という人事がありがちであるが，必ずしも適切な方法ではない。当人が職務の重要性を認識がないまま担当させたのでは，十分な役割が果たせないし，本人の意向に沿わなければ活躍は期待できないからである。経験年数よりも別の要件が管理職には求められるのである。

　根本的な対策は，管理職を養成するプログラムを策定することである。多くの施設は管理職に登用する基準からはじまり，養成するプログラムをもっていない場合が多い。管理職の要件が公式に決まっていなければ，施設や法人の経営者の個人的な判断で決まることになる。結果，職員は上司の顔色を伺うことに終始するような文化が浸透することになる。組織として内製するか，それとも外部の機関に委託するかという方法論も含め管理職の育成について方針をもっていない施設も多いといわれる。

　管理職が組織の運営のうえで重要であるにもかかわらず，組織として管理職の育成方針もっていないことは取り組まなければならない課題であるといえよう。

1-3 次世代へ引き継ぐ

　新人，管理職と進むにしたがって育成の難易度も高くなる。そして，施設長にとってもっとも大きな育成課題は自身の後継者を育てることである。すでに，指摘したように施設の継続が社会福祉サービスを提供するうえで欠かせないし，社会的存在意義を果たすことである。そのためには，施設長自身が退任した後でも，それまでと同じように施設は運営される必要がある。

　育成の基本的考え方は管理職と変わらないが，誰を指名するかは慎重にしなければならない。早い時期に後継者を指名すると，選ばれな

かった職員が仕事に対する意欲を失うこともあろう。あるいは，退職という手段をとるかもしれない。

他方，退任ぎりぎりになって検討するのでは育成という視点から時間に余裕がない。後継者を育てるということは選抜のタイミング，そして方法論がむずかしいのである。

さらには，天塩にかけて育成していたとしても，組織が必要とする要件を満たすことができなければ，外部から採用することを視野に入れる必要もある。

以下，後継者の育成について具体的に検討する。

2　後継者を考えるプロセス
2-1　育成のための必要時間

施設長になるためには，知識はもちろん経験を積むことは不可欠である。どちらか一方だけの条件では不十分である。どれくらい時間をかけて育成すればよいかという判断はむずかしい。

企業においては，経営者は経営者になったとき，次の後継者について検討しなければならないといわれる。高齢になってまで企業の舵取りをしなければならないということは後継者の育成がうまくいかなったことを意味すると考えてよい。

いずれにしろ，時間をかけ，じっくりと育て判断しなければならない。これは施設長の後継者を考えるうえでも同じである。ケースにあるように，組織と雇用関係がある以上，いつか退職するときがくる。雇用関係にかかわらず，自分自身の判断力などが衰えたと自覚したとき，退く覚悟をしなければならない場合もある。

このように考えると，施設長に就任した時点で，後継者を考えるべきであろう。最終的な決定には様々な要因が絡むことは事実であるが，就任中，継続的に検討することと，候補者を教育する必要がある。

この営みは，施設長としての仕事とは何かを考え続けることを意味する。施設長の仕事を続けるなかで，問題にぶつかったり，当初の想いが実行できず悩んだりすることがあるだろう。想定外の連続のなかで迷いながら，自分なりの施設長像を作り上げていくのである。本に書いてある知識だけでは対応できないことを何度も経験することになる。

就任当初の施設長像は時間の経過とともに変化していく。このことは施設長として成長している証でもある。つまり，自分自身が成長す

る時間は後継者を育成するための時間と捉えることができる。

2-2　人材要件の検討

施設長として経験を重ねることは，学びの連続である。学びとはこれまで知らなかったことを知ることであり，さらにできなかったことができるようになることである。このことは，施設長としての要件を整理する時間であるといえる。

当初はスーパーマン的モデルを想定するかもしれない。職員のあらゆる疑問に答え，悩みにアドバイスできる当意即妙の対応を理想とするかもしれない。同時に施設利用者にはつねに最高のサービスを提供することを目指すであろう。

このような理想像に近づこうとする努力を否定するつもりはないが，おそらく現状の自分とのギャップは埋まることはないであろう。むしろ，ギャップの大きさに落胆し，自分が施設長として向いていないのではないかと考えてしまうのが現実ではないだろうか。

そのような状態から改めて施設長のあるべき姿を考えることに価値がある。限界を知ることで初めて人間の姿が見えるからである。理想像が必要十分条件を満たすものであるとすれば，現実的に落ち着くところは必要条件であろう。そして，十分条件を満たすために学んだり，時には他の人からサポートしてもらうこともある。

2-3　組織の方針

後継者の要件は施設長ひとりで決めることができるわけではない。施設が属する法人の方針に合致することも必要である。法人として求める人材像が謳われているのであれば，当然その内容を前提に検討しなければならない。

ただし，法人の経営者が変わることで人材像が変更されることがある。経営者の独自の理念が反映され，その理念を具現化することを職員に求めるからである。

あるいは，政策，地域の人口動態，景況などは時とともに変わっていく。そのような環境変化によって，必要とされる社会福祉サービス内容も変わることになる。したがって，組織としても求める人材要件を再定義する必要がある。たとえば，発達障害の疑われる子どもが増えると，保育士はどのように対応すべきか学ぶ必要がある。また，発達障害について体系的な知識をもっている保育士を多くの保育所は探

すであろう。

　このように考えると，社会福祉施設を取り巻く環境変化を素早くとらえ，何が求められているのかを判断できることも，後継者選択のために必要であるといえよう。

3 改めて後継者の要件
3-1 後継者への期待

　ここで検討したいことは「後継者」とはどのような能力やスキルをもっていることが必要かということである。何を期待すべきかと言い換えてよい。まず，思い浮かぶ要件は施設長と同じように業務が遂行できることである。たしかに，この要件を満たすことができる人物であれば，施設は継続的に運営できそうである。

　しかし，すでに指摘したように，環境は時間の経過とともに変化している。施設長の経験則に基づいた対応では不十分なこともあろう。たとえば，発達障害が疑われる子どもの増加，しかも発達障害は1種類ではない。多様性が特徴であるし，複合的な障害も存在する。あるいは，高齢者介護を支える政策，法制度はこれからも変わることが予測される。高齢者の増加は，介護サービスのあり方を根本的に変えるであろう。このような環境条件に対して，後継者はみずからの判断で対応しなければならない。

　現状に満足せず，さらに充実したサービスを提供するためには，現在の施設長のやり方，スキルを超えなければならない。そのことが，組織の発展にもつながる。このように考えると，後継者は現在の施設長以上に活躍できることが期待される。

　さらに，みずから知識やスキルを身につけるだけでなく，組織として計画を立て実行するために職員を管理する能力も必要であるし，緊急事態にはリーダーシップを発揮しなければならない。組織として成果を出すことが求められる。ここでのポイントは行動力である。施設長としてのあるべき姿ばかりを追っても行動が伴わなければ，結果を残すことはできないのである。

3-2 学習能力に注目する

　後継者の要件は，経験，能力が十分であること，人望があること，リーダーシップを発揮できることなど，挙げればきりながない。しかし，このような考え方はスーパーマンを期待していることを意味する。

スーパーマンとは人を超えた存在と定義される以上，人のなかから候補者を探し当てることは不可能である。

　探すことができないのだからといって，誰でもよいというわけではない。少なくとも施設長としての必要条件を身につけていることが望ましい。つまり，いろいろな要件のなかから優先順位をつけて検討する必要がある。施設長候補として，欠かせない要件とはこれから経験することになろう不確実な社会を乗り越える能力である。

　組織の存続が施設長の使命であるとすれば，なんとしても予想外の様々な事案を解決しなければならない。それらの事案はこれまで経験したことのないものである。したがって，あらかじめ前任者が対策を教えることはできなのである。ましてや，神でない以上，予言はできない。

　それでは，どのように対応すれば良いのか。ポイントは３つある。１）わずかな変化を敏感に察知することである。２）その微妙な変化から何をすべきか判断できることである。そして，３）判断した変化に対応すべく準備つまり学ぶことである。

　これらのうち，１）と２）は日常の学習が鍵となる。広範な分野に関心をもち学ぶことが必要である。社会福祉は人間対人間の関係である。とすれば，人間に関心をもち，行動の特徴，原理を理解することは欠かせない。心理学，認知科学，脳科学，生理学あるいは哲学などきわめて広範囲の分野が，学びの対象となる。人間の見方の視座を得ることができれば，わずかな変化に気づくことができるようになる。常識とか経験に縛られず，事象を見ることができるからである。ある事象を見て，当たり前と思うか，それとも違和感を覚えるかが分岐点となる。

　「せん妄」ということを知っていれば，高齢者が初めて入居したときに，うなされたり，奇妙な行動をとったりする理由が理解できる。しかし，その知識がなければ，医師等を巻き込んで対策を練るかもしれない。ちなみに，「せん妄」は急激な環境変化が起きたとき，起こる症状であり一過性のもので，数日経てばほとんど出なくなる。

　次に，３）であるが，スピード感をもって学ぶためには，「学習方略」を身につける必要がある。方略とは心理学の用語で，戦略と同じである。学びには方法論があるということである。知識を効率的に定着させるための方法論は学習科学などの分野で研究されている。

　このような学習能力によって，不確実な環境のなかでも組織を的確

な方向に導くことができるものと思われる。したがって，施設長にとっての優先すべき要件を絞るとすれば，学習能力であるといえよう。

宿題2　学習能力に関連する理論として，非認知能力があります。それぞれの特徴を調べ整理してください。

	特　徴
Grit	
Growth mindset	
自己効力感	

3-3　職員に残すことができるもの

　これまで後継者を育成するためのポイントを検討してきた。ただし，後継者だけを育成すれば，組織が継続するというわけではない。組織はあくまでも人間の集合体であり，それぞれの活動の総和が組織としての成果を生み出すからである。

　施設長はもちろん全職員が活躍できるためには，環境整備が必要である。組織として方向性を示すものとしては理念とかビジョンと呼ばれるものがある。また，具体的な行動指針としては，戦略がある。これらの目的を達成するためには，一人ひとりの行動をコントロールする必要がある。コントロールするためには，施設長が事あるごとに指示するという方法がある。ただし，この方法だけに頼っていたのでは，

施設長の不在のとき機能しないし，すべての事案に指示すること不可能である。

　やはり，施設長はスーパーマンではないのである。そこで検討すべきことは制度設計である。組織構造，人事制度などが制度の代表的なものであるが，会議の進め方，意思決定の方法も制度とみなすことができる。制度とは規則の集合体と考えることができるからである。

　組織の方針などを決めるとき，会議を開き職員同士が議論するのが一般的であろう。しかし，多くの場合，時間ばかりかかり結論が出ないという声が多い。一生懸命，検討したはずなのにきちんと納得できる結論に達することができなかったことは，会議の時間が無駄であったことを意味する。そのような時間があるのであれば，利用者に寄り添う時間に使った方が建設的である。

　ところが，会議に時間をかけたことに満足する傾向がある。熱心に議論することが目的となっている。会議の目的とは何かを見失い，意思決定ではなく会議という手段が目的となっているのである。どんな優秀な施設長であったとしても，このような会議をしていたのでは無駄な時間だけが増え，職員の徒労感だけが蓄積することになろう。

　あるいは，日頃，業務を頑張っている職員に対して正当な評価ができなければ，その職員はやる気をなくすであろう。仕事を的確に評価するルールがなければ，施設長や経営者の属人的な判断に左右されることになる。このような状況を回避するためには，人事制度の設計，運用が施設長あるいは経営者の課題となる。

　このように，制度は職員一人ひとりが活躍するためのプラットフォームの機能を果たす。後継者が活躍できるように，プラットフォームを整備することが施設長の課題であるといえよう。

　それでは，改めてご自身の回答を振り返り，書き直してほしい。

第7章

ヤングケアラーという存在

〜理論的思考の重要性

　　社会福祉をめぐる研究は様々な研究分野で行われ，多くの知見がある。新しい研究動向を知り，それを実務に応用することも施設長の大事な仕事である。しかし，その必要性を感じながらも日々の忙しさにかまけて，なかなか勉強する時間をとれないのが実態ではないだろうか。

　　本章では，最近注目されている研究知見の一つを紹介する。その目的は新しい知見を得ることによって，眼前の出来事をより深く理解できることを知ってもらうためである。

*次のケースを読んで，設問に対して自分の考えを書いてください。

ケース7　やさしいお姉ちゃん

　「トシちゃん，お姉ちゃんが迎えに来てくれたよ。」ランドセルを背負った女の子がインターフォンの画面に映っていた。名前は酒井さつきといい，弟の俊が保育園に通っている。朝，俊を連れてくるのも，夕方，迎えに来るのもさつきであった。弟の姿をみると，頭をなで「今日も楽しかった」と聞いた。そして少し乱れたた弟の髪を手櫛で整えながら，手をつないで玄関を出た。

　玄関のドアが閉まってから，姉弟の会話が聞こえた。「今日の晩ごはんは何，お姉ちゃん。」仲睦まじい姿であった。

　俊の入園の手続きは父親が行い，初日は園にも挨拶に来たが，その後俊の送迎はさつきが担っていた。毎日の連絡帳も小学生らしい文字で書かれていた。

　保育士の矢野が姉に聞いたところ，弟の俊の面倒をみているのは自分だということであった。まだ，友だちと一緒に遊びたい年頃なのに，

どういうことだろうと思ったが，それ以上，聞くことはやめた。何か複雑な事情があるのだろうと，察せられたからである。

　その後，何事もなく送り迎えは続いた。身なりもこざっぱりと清潔感のある服装であったので，きちんと面倒をみてもらっているものと思っていた保育士たちは二人の様子をとくに気に止めなくなった。

　ところが，冬も近づいた頃，無断で２日間，俊が休んだ。心配して，施設長の草壁が電話すると，姉のさつきが出た。休んだ理由を聞くと，自分が風邪を引いてしまい弟の送り迎えができなくなったこと，体温も39度とベッドから出ることができなかったことを説明した。この２日間，買い置きしたパンや冷凍弁当を食べていたという。父親は出張とのことだった。

　施設長は急ぎの仕事を片づけると，俊の家に向かった。すると，出張から戻った父親がいたのでぶしつけとは思いながらも，事情を聞いた。母親は長期にわたり入院しているという。ときどき姉弟で会い行くことを楽しみにしているという。姉のさつきは５年生としてはしっかりしていて，弟の面倒をみてくれていたし，料理も作っていたという。父親は毎日，夜遅く帰るような仕事をしていたので，さつきに任せっきりのところがあったと話した。

　「俊が保育園に入ってから，ずっと面倒みなくちゃという緊張感が続いて，風邪を引いたのだと思います。ただ，妻の入院費，子どもたちの生活費のためには，働かなければいけないんです。本当は二人のそばにいて面倒をみることができれば良いのですが。頼れる親戚も近くにいないし，親戚がいたとしても頼むのはむずかしいですよね。心配して訪問していただいたついでというのも，あまり良い表現ではありませんが，先生はご経験が豊富だと思います。こんな場合はどうしたら良いのでしょうか。相談にのっていただけると助かります」。

アサイメント・シート

日付　　　年　　月　　　日

設問1　ケースと似たような経験をしたことがありますか？　それはどのような経験でしたか。5W1Hでまとめてください。介護の現場でのヤングケアラーの事例でも，あるいは見聞きした事例でも結構です。

設問2　施設長の立場でケースのような相談を受けたとしたら，どのような話をしますか？

1 理論を考える
1-1 理論の定義

　理論に関してはいろいろな定義が可能であるが，ここでは事象を理解するための枠組みと考える。手にもっているボールを手から離すと，下に落ちる。この現象は観察することができるので，人類が誕生して以来,誰にとっても周知の事実であると考えられた。疑う者はいなかった。

　しかし，そのことに疑問をもった人間が登場する。ニュートンである。物体が落下する理屈を考え，定式化したのである。定式化することで，いろいろな物体の動きを説明できるようになった。特定の個人にとって経験したことのない物体の動きも数式で示すことで理解が可能になったのである。

　理論を手にすると，誰でもある事象について理解が深まり，応用できるようになる。和食はユネスコの認定を受け，「無形文化遺産」になったが，和食の基本である「出汁」はかつて経験を重ね，舌で加減を覚えるものとされていた。そのためには，長い修業が必要であると考えられていた。しかし，今では分子レベルでの解析が進み，昆布と鰹節で作る出汁の場合，どの温度帯で昆布を入れ，どのくらい時間かければ理想な出汁が作れるかが解明されている。この出汁に関する理論に従えば，一定の質の出汁を作ることが可能であるといわれる。

　同じことが人間の行動や関係などの理論にもあてはまる。保育であれ，障害者へのケアなどの方法に心理学などの理論が応用されていることは周知の通りである。

1-2 理論の効用

　理論を知ることで，社会福祉サービスの質を向上させることができる。これは個別の職員だけに当てはまるのではなく，施設全体にも同じことがいえる。つまり，施設の職員全員が理論を知ることで，組織として提供するサービスを向上させることができるのである。

　とくに，経験が十分にない職員も理論を知り実践できることで，一定の水準のサービスを提供することができるようになる。つまり，一人ひとりが提供するサービスの質が向上するだけでなく，平準化することが期待される。このことは，施設運営ではとても重要となる。柔軟に役割を交代できるようになるからである。たとえば，何かの都合

で，ある職員が休んだとしても，同じレベルのサービスを別の職員が提供できるようになる。あるいは，能力があるからという理由で，特定の職員に業務が集中することも防ぐことができる。

さらに，理論的にスキルを身につけることで，それ以前よりもサービスが向上すれば，当然，利用者からも高評価を得ることができるはずである。理論を学ぶためには一定の時間と努力が必要となる。その苦労が報われるという経験をすれば，さらに，学ぶ意欲は高まることになろう。

他方，先輩職員のやり方を盗めといった育成方法ではなかなか達成感を味わうことはできない。つまり，時間がかかる。くわえて，先輩職員のやり方，経験則が適切かどうかの判断は別に検討しなければならない。

このように考えると，理論を習得することは結果的に時間の節約にもつながるといえよう。

1-3 実践のための理論

これまで検討してきたように，「理論」というのは教科書のなかにある暗記物でもなければ，アカデミックな世界の占有物でもない。社会福祉の現場で悩み，問題に対峙している人のために存在するのである。実践に活用されてこそ，理論は価値を発揮することができるのであって，理論のための理論では意味がない。

ところが，多くの実践者は理論に距離を置く傾向がある。むずかしい用語で書かれ，研究者のなかだけで通用するものであると考える傾向がある。何らかの資格を取得するときに，試験対策のために学んで以来，積極的に学ぼうとした人は少ないのではないだろうか。

今回のケースは「愛着理論」からも検討できそうであるが，提唱者であるメアリー・エインスワイスが展開した発達心理学の理論を理解している人はどれだけいるであろうか。ほとんどの人が読まない理由は，試験に出ないということかもしれない。それはそれで合理的判断である。優先すべきは試験に合格することだからである。

しかし，就職したから学びは中断というのでは，それまで身につけた知識や学習習慣が無駄になりかねない。蓄積したものを基礎として，学びを継続することで，現場の業務に活かすことができるであろう。

職場で活躍するためにも，理論を学ぶ必要がある。その契機は，理論自体が実務に役立つことを理解し，経験することであろう。

2 新しい理論を手に入れる
2-1 違和感を大切にする

　試験であれば，何を勉強すればよいか事前にわかる。あとは，それぞれのテーマについて，準備すればよい。他方，実践の現場での学びは，そもそも何を学ぶべきかという問題にぶつかることになる。もちろん，これまでの知識や経験はどのような分野やテーマを学ぶべきかのヒントを与えてくれるであろう。

　まずは，学びたい，あるいは学びたいというきっかけをもつことが大切である。上司から指摘されたことでも，新聞やテレビの報道でもよい。違和感をもつことである。上司の指示に疑問を感じること，新聞の解説に不満を覚えることなどが大事である。それは当然である，常識といった感じ方では，物事の理解は深まらない。

　変化，いつもの経験とのズレに敏感になること，その理由を知りたいと思うことが大切である。ここで，前者は「何か違う」，「どこか違う」という感覚である。言葉で具体的に表現できないかもしれないし，自分自身でも本当に違うのか自信をもってないかもしれない。しかし，この感覚を大切することが次の気づきや発見につながる。

　ときには，ただの誤解かもしれないし，経験不足のために「おかしい」と感じたのかもしれない。それでも，自分の感覚を否定することなく，考え続けることが大事である。目の前の事象に注目して，結果として特段の問題がなければ，それに越したことはない。しかし，より深刻な事象であるとすれば，それを見逃すことを事前に避けることができる。

　確率的に低いかもしれないが，重大な問題を避けることはできる。見逃さないことが何よりも大事なのである。そして，「おかしい」という感覚で終わらず，何がおかしいのか，なぜおかしいのかを考えることが必要である。考え続けること，疑問を解決しようとして，インターネットで情報を検索したり，文献を読んだりすることにつながるからである。

　ここで，何が必要な理論かという知識が必要となる。この知識を獲得することはとてもむずかしい。自分が困っていることを解決するためにどのような理論が役立つか前もってわかっていれば苦労はしないが，抱えている問題の性質，構造を分析しても，そこから必要な理論にたどり着くことは容易ではない。

　そこで，少し遠回りのように感じるかもしれないが，定期的に学術書を読む習慣が役立つ。入門書でもよい。とにかく，自分が抱える問題解決の緒になりそうなものを乱読すること，精読する必要はない。問題の解決策が本に書かれているかという視点で読むと効率がよい。本を辞書と同じと考え，自分の疑問を解決できる情報がないか探索するとよい。検討対象にたどり着く時間が節約できる。

　少しでも関連しそうだと思われるテーマを複数の本で確認すると，その理論が活用できるかどうかの判断ができよう。前半で読書の範囲を広げ，それから絞り込むという読書法である。

2-2　理論の力

　これまで知らなかった概念を手に入れることは世界の見方を変える。それは個人にとっても社会にとってもインパクトが大きい。ガリレオ・ガリレイが地動説を唱えると，当時の社会は神の教えに反するとして，宗教裁判が開かれた。ローマ教皇が地動説を認めたのは，裁判から350年後である。まさに，天と地がひっくり返る考え方をガリレオ・ガリレイは主張したのである。

　現代では当たり前，常識がとされることが提示されたころはまったく新しい，受け入れられない考え方だったのである。もちろん，今でも天動説を信じている社会はあるであろう。

　しかし，地動説はニュートンの研究によって確固たるものになり，以降物理学の基本となった。それを受け入れた社会は科学技術によって大きな発展を遂げている。物理学の具体的理論を知らなくても，我々の生活は多くの恩恵を受けている。新幹線が安全に走るのも，飛行機が世界中の旅客を予定通りに送り届けるのも物理学の応用の成果である。

　社会福祉に関連する研究も日々，進められている。それらの成果を実践に活用しないという選択はないであろう。提供するサービスの質の向上につながるからである。

2-3 「ヤングケアラー」という理論

　日本の社会では，年下の面倒をみること，親や祖父母の面倒をみることが当然と考えられている。もし，そのような規範に従わなければ，社会から批判を受けることになる。近所のうわさの種になることもあろう。それでは面倒をみるとはどのようなことであろうか。ときに，

自己犠牲を強いることがあるが，それでも肉親のためにはしかたがないという風潮が主流である。

テレビドラマでも，かつての日本社会でよく見られた幼い子が赤ん坊の子守をするために学校に行けないというシーンが高視聴率を獲得できるといわれる。そのように苦労した経験，自己犠牲が美談として語られることもある。

このような日本の社会的価値観に異議を唱えたのが「ヤングケアラー」という考え方である。面倒を見る側の子どもの権利を尊重すべきであるという主張である。このような主張は多くの成人にとっては違和感があるかもしれない。さらには，実際にケアを担当している子どもにとっても意外であるかもしれない。誰かの面倒みることは当たり前過ぎて，自身のやっていることに何の疑問も感じないであろう。

このような態度は日本で生まれ育ったとのであれば，当然である。そのような価値観を獲得すること自体が成長したことを意味するからである。むしろ，その価値観を受け入れなければ，周囲からわがままとみなされる。このような環境で育てば，疑問を感じることはほぼないであろう。

しかし，親族をケアするための時間や労力を割けば，自分自身の可能性を狭めること，個人として充実した日常生活が送れないことを意味する。とすれば，社会として，そのような子どもたちの健全な発育を支援する必要がある。

ケースにあるような事例を経験した人は少なくないであろう。保育所の事例ばかりではなく，介護が必要な高齢者がいる場合には，高校生が家事全般を担当し部活動を諦めたり，友人と遊びに行くことを我慢したりすることがあるといわれる。介護が経済的に負担のある家庭であれば，放課後，アルバイトをすることもある。10代後半の時間を家族のために使うのである。

当人もそれが当たり前と思っているので，周囲は気づかないことが多い。しかし，家族のために時間を費やすことで，進学の夢を諦めざる得ないこともあろう。未成年の健全な成長，そして多様な人生の可能性を阻害することになる。とくに，小学生のときから，家族のケア中心に生活を送ったのでは，基礎学力が身につくか危ぶまれる。

そこで，周囲に，家族のために一生懸命になって自分のための時間を十分に割けない子どもがいないかを気をつける必要がある。つまり，ケアの直接の対象となる子ども，障害者，高齢者だけでなく，その家

族に配慮すべきである。

宿題 1　「ヤングケアラー」の特徴について調べ，下記にまとめてください。

	特　徴
ヤングケアラー	

③ 実務に落とし込む

3-1 組織として学ぶ

　これまでは個人の次元での議論であった。組織として理論を活用しようとすれば，すべての職員が理論を勉強する必要がある。特定のテーマの書籍や論文を読むことをルール化することはとても大事である。複数の人間で読むことで，理解する対象が広がる。一人で 1 冊の本を読むことは，それなりの時間がかかる。同じことを10人で行い，その内容を報告しあうことで，10倍の知識が増えることになる。さらに，内容について議論することで，理解はより深まる。

　日常業務で多くの時間をとられるなか，理論というそもそも論を考えることはそれまでの経験を見直す機会であり，参加した職員に多くの気づきを与えてくれるはずである。理論を組織で活用するポイントである。

　学びを継続することは学びを活性化するうえで大事であることはいうまでもない。とくに，集中的にするのではなく定期的に開くことが望ましい。時間を確保することはむずかしいかもしれないが，職員が一つのテーマについて議論することは想像以上の価値をもたらすはずである。

3-2 事例から学ぶ

　上記のように書籍などからは，体系的な知識を獲得することができ，

継続すれば知識の量も増える。しかし，知識量がゴールではない。それらの知識を実践に活用することが最終目的である。

　実践においては，様々な条件を検討しなければならない。理論は一般化するために抽象度が高い表現形式をとる。したがって，対象とする事象に理論を実践に応用しようとすれば，少なくとも2つのことに注意しなければならない。

1）どの理論を応用すべきか判断する力を養う
2）理論を応用するトレーニングをする

　上記1）については，習得している理論の数が多いほど判断が的確になるが，同時に理論の適切さに関する知識も別に必要となる。2）のトレーニングの必要性は認識されるものの，どのように進めるか，方法論が課題となる。

　実践こそもっとも大事な学びの場であり，トレーニングの場であるという捉え方もできる。たしかに，説得力がある。徒手空拳で問題に立ち向かった場合，うまくいくこともあるかもしれないが，ほとんど失敗することになろう。もちろん，失敗から学べることはたくさんあるし，決して無駄な経験ではない。しかし，社会福祉サービスは相手の存在があって初めて成り立つし，結果として相手の生活を左右するという性質をもつことを考えれば，失敗は可能なかぎり避けるべきである。

　上記の2つのポイントを達成するための方法の一つとして，ケースディスカッションという方法がある。教育方法としてのケースディスカッションは事例を題材として，意思決定のシミュレーションをすることを目的とする。

　ある事例を分析しながら，主人公の立場で直面する問題をどのように解決するかを議論しながら，意思決定の質を高めるトレーニングを行うのである。なお，ディスカッションとあるように複数の人間がそれぞれの知識や経験を総動員して議論することで互いに気づきを与え，学び合うことがこのトレーニングの基本となる。

　このディスカッションを通じて，何が的確な理論か，問題解決のためにどのように理論を応用すべきかという能力を身につけることができる。もちろん，判断能力を身につけるためには，繰り返し様々な事例を分析し議論する必要がある。

　なお，ケースディスカッションの学びを深めるためには事前の事例作成，議論のファシリテーションなどいくつかのノウハウを身につけておくことが前提となる。その意味で学習方法としては難易度が高いかもしれない。

　ケースディスカッションと類似した学び法として，カンファレンスがある。これは施設で実際に起きた事例を題材にその解決策を議論することを目的としている。そのため，事例が特定のものに絞られること，同時に現状の問題に直接役立てることができるという特徴をもつ。やり方はいろいろなバリエーションがあるが，一般的には，担当者から問題の紹介あるいは報告があり，それに対して参加者によって議論が行われる。カンファレンスの方がケースディスカッションに比べ，ノウハウや労力はそれほど必要ないといえよう。

宿題2　社会福祉施設の現場で行われるカンファレンスについて調べ，その事例の概要をまとめてください。

施設の種類	カンファレンスの概要

なお，カンファレンスのゴールは施設の問題解決であるが，ノウハウの蓄積のために，カンファレンスの記録を取ること，そしてどのような理論が有効だったかという確認，あるいは十分に議論できなかったこと，理論的な展開ができなかったことなどを確認し，問題意識を具体化することが望ましい。カンファレンスで生まれた問題意識が新たな学びのきっかけにもなるからである。

3-3　家族への対応

　さて，学んだ理論を実践に活用する場面である。事実確認が最初のステップとなる。ここにもっとも注力すべきであるが，相手から事実を引き出すことはとてもむずかしい。

　まず，相手との信頼関係がなければ，口を開かないであろう。開いたとしても，あくまでも建前を話すだけのこともある。とりわけ家族の話を第三者に何のためらいもなく話す人はめったにいない。

　相手との信頼関係を築くための会話をラポールトークという。カウンセリングなどで使われる言葉で，相談相手から信頼を獲得するための会話を指す。すでに本書で紹介したが，改めて「内集団ひいき」という理論に基づく方法を紹介する。これは相手との共通点を見出すことで，同じ仲間，グループであるという認識をもつことである。同じ都道府県の出身である，卒業した高校が同じ，同じミュージシャンが好きとかいろいろあるが，一旦，共通点が確認できると，急速に仲間意識が高まることが知られている。

　今回のケースの場合は，保護者が率直に話してくれるので問題がないが，初対面など口が重い相手には有効であるといわれる。

　さて，相手が話し始めたら，できるだけいろいろなことを話してもらうことがポイントとなる。話のなかに，様々なヒントがあるからである。相手が話しやすくするために，頷くとか，相手の言葉をリフレインするといったことで相手が話しやすくなるといわれる。

　話のなかで確認すべきことは，事実である。何があったのか，どのような行動をとったのか，どのように反応したのかといった事実を丹念に聞き取ることが求められる。他方，相手に事柄の理由を聞くと，感情的になることもある。また，人間には無自覚のうちに合理的に説明しようとする癖があるからである。

　また，聞いているときは，なるべく口を挟まず相槌程度でよいといわれる。この段階で大事なことは事実にもとづく状況の確認である。

途中で解決策を提案することは避けるべきである。相手は提案された解決策に合うように話すことがあるからである。

　状況を一通り話してもらったら，改めて聞き手が内容を繰り返すとよい。両者の認識のズレを確認し調整できるからである。そのうえで，相手に，共有した状況についての感想やコメントを求めているとよい。どのように思ったか，感じたかを言葉にしてもらうことである。できれば，文字に起こしたり，図を描いてもらったりするとさらによい。これら一連の活動を「認知過程の外化」と呼ぶ。頭のなかにあるものを字とか図といった記号に変換してもらうことによって，当事者も考えを整理できるし聞き手の理解も深まることが知られている。そして，記憶がより正確になったり，要素同士の関係が明らかになったりして，より適切な判断ができるようになることが期待される。

　ここまでのやり取りを踏まえ，相手に解決策を尋ねるとよい。一定の時間をかけた会話のなかで，自分自身で解決策を見出していることが多いからである。相談する前に，家族は悩んでいたはずであり，解決方法をいろいろと考えていたことは想像に難くない。それでも，気がかりなこと，決断できないことなどがあるはずであり，そこに焦点をあてて聞き手はこれまで蓄積してきた知識や経験を発揮しアドバイスできるのである。

　さて，これまでの自分自身の経験や知識（理論も含む）を棚卸しする意味で，再度，ケースに取り組んでほしい。

第8章

気づきの共有

〜コミュニケーションの基本

|||||||||||||||||||||||||||||||||||||||||||||||||||||||||||||||||||||||||||||||||||||||||||||||||

　コミュニケーションの大切さはいろいろな場面で言及される。親子の関係においてもむずかしいといわれる。ましてや，赤の他人同士の集合体である組織において，コミュニケーションはさらにむずかしくなる。学校のなかでの仲間はずれ，「いじめ」問題はコミュニケーション問題の一つと捉えることができる。

　さて，仕事の現場に目をやると，上司から指示されたことを実行できたかどうかを報告することは組織を運営するうえで基本のコミュニケーションとなる。この基本ができていなければ，組織の目標を達成することはおぼつかなくなる。ただし，組織において，指示命令のコミュニケーションがすべてではない。みずからの問題意識を上司と共有することも欠せない。そこに，重大な問題が隠れているかもしれないからである。想定できないことにこそ慎重に対応しなければならないのである。

＊次のケースを読んで，設問に対して自分の考えを書いてください。

ケース8　行動が気になる子

　「中邨施設長，最近，花ちゃんの行動が気になるんです。以前はとても明るくて，クラスの人気者だったのに，あまり友だちと遊ばなくなったんです。それどころか，ちょっとしたことで喧嘩を始めたり，給食を食べたくないといったりするんです。今までこんなことなかったです。来年は小学生だからますます心配になって。小学校でうまくやれるかなって」。

　「鈴来さん，花ちゃんどうしたのかしらね。何か思い当たることは

あるかしら？」

「施設長，直接に聞いても何も教えてくれないんです。喧嘩したとき，どうしたのって聞いたら，絵本を読んでいたら邪魔されたので叩いたら，泣き出したの。あの子が悪いの。どうして叩いたのって聞いたら，叩きたかったのというだけなんです。何か子どもながらもストレスを抱えているように感じました」。

「そういえば，花ちゃんところには弟がいたわよね。きっとお母さんが弟の面倒ばかりみるから，嫉妬しているのかしら。赤ちゃん返りかな」。

「でも，赤ちゃん返りだとしたら，あまり攻撃的になることはないと思うんです」。

「まあ，そんなに気にしないで，そのうち元に戻るわよ。それにあなた来月，昇格試験を受けるんでしょう。頑張らなきゃ」。

それでも，気になった鈴来は花の母親に連絡をとってみた。そうすると「先生だから話すんですけど，実は弟の方が三歳児健診で発達に遅れが見られるといわれたんです。そのことを義母に話すと，あなたの育て方の問題じゃないのと責められたんです。情けなくなっちゃって，この子をなんとかしなくちゃと思ったんです。勉強し始めてわかったことをいろいろと試したり，専門家に相談したりしたんですが。今思えば，花と一緒に過ごす時間が減っていたのかもしれません。でも，体は一つですからね。それに主人も健診の結果が気になって，弟の方とばかりと遊んでいるんです」。

鈴来はただの「赤ちゃん返り」とは違うなと感じながらも，どうしたらよいのか皆目検討がつかなかった。施設長に話しても試験のことを言われそうで，切り出せなかった。

アサイメント・シート

日付　　　年　　月　　　日

設問1　ケースにある鈴来と同じ経験をしたことがありますか。あるいは同じような事例を聞いたことがありますか？　その内容を整理してください。

設問2　あなたが鈴来の立場であれば，次にどのような行動をとりますか？

1 気づきの価値
1–1「気づき」という経験

　これまでの経験とは違うと感じること，そしてその経験に価値があると判断したことが「気づき」と呼ぶことができる。ある人と話していて，新しい物の見方を獲得できたとき，その人から気づきをもらったと表現することがある。一旦気づきが与えられると，同じ事象も異なって見える。あるいは，本を読むことで，それまで無関係と思っていた要素間に関連性があると知ることも気づきといえよう。

　気づきを与えてくれる事象はいろいろあるが，最初の感覚は驚きと表現してよい。その驚きは好奇心が伴う。つまり，眼前の現象をより深く知りたいという感覚が生まれるのである。気づきはまさに探究心の始まりであるといえる。これは，実務においてもとても大事な経験であるといえる。

1–2 気づきから見える世界

　気づきはこれまでの自身の常識，当たり前に見直しを迫る。さらに，否定することもある。新しい世界に導くきっかけが気づきであるといえる。

　たとえば，職場で部下をしかって育てることをモットーとしてきた上司がいたとする。その方法で部下は一人前の仕事ができるようになったかもしれない。そのこと自体は上司の指導の成果である。しかし，「しかる」というのは，上司の基準にもとづくものである。これを論理的に考えると，部下がその基準を超えた能力を発揮することを期待できない。つまり，しかって育てるという方法は上司の能力より低い，あるいはせいぜい上司と同等の能力の人材が生まれることを意味する。このような状態は組織にとって，決して望ましいことではない。つまり，それまでの世代の能力を超えて活躍できる人材が生まれないからである。

　このことに件の上司が気づけば，育成方法は変わることになろう。育成のゴールは自分を超える人材を誕生させることであり，組織で活躍してもらうことである。ゴールが変われば方法論も見直しが必要となる。部下との日常の会話はこれまでとは違ったものになるであろう。上司は新しい世界の存在に気づくことになるのではないだろうか。それは，上司にとっても部下にとっても，そして組織によりよい効果を

もたらすことになろう。

1-3 気づきを得るための方法

　人間は五感を通して，様々な刺激を受け，感覚器官を通じて理解する。つまり，物理的刺激を取捨選択するのである。たとえば，光や音といった物理的刺激は感覚器官を通じて選択される。よく知られていることであるが，人間には聞こえない音を犬は聞き分けることができる。人には視えない光に蝶は反応する。人が犬や蝶に劣るとか，あるいは優れているということではなく，それぞれの生物によって環境の認識が違うのである。あるいは，見える世界が違うといってよい。

　人間もまた同じである。建物の土台となるセメントの基礎工事もその厚さはミリメートルの単位で調整される職人の世界である。素人には知覚できないが，職人はそれを設計通りに作り込むのである。そのために，恐ろしいほどの時間をかけ，鍛錬するのである。そもそも赤ちゃんも生まれた頃は視覚が十分に発達していないといわれる。時間とともに，徐々にみずからの環境を知覚できるようになるのである。

　職人の世界だけに限らない。ある社会的現象をどのように解釈するかは人によって違うが，それは知識や経験が違うからである。知識や経験を拡大するために，どのようにすればよいのか。

　たしかに，好奇心が旺盛であるという性格は，気づきを得る機会を増やすことになろう。そのような人は周囲にいるが，生来のものというよりも行動に特徴がある。たくさんの刺激，情報に触れることができる環境に積極的に身を置いているのである。未知の世界は何も海底や宇宙ばかりでなく，身の回りにたくさんある。通勤経路を少し変えただけで，勤め先の街の新しい面を発見できる。いつも降りる電車の駅を一駅前で降りて歩くだけで，季節を感じることができる。ほんの少しの行動の変化が新しい世界に招待してくれるのである。

　さらに，これまであったことのない人に会う，読んだことのないジャンルの本を読むことも，新しい視点を得る機会である。すぐに，新しい世界を知ることにはならないであろうが，機会を広げておけば可能性は高まることになる。可能性を信じるかどうかが，多くの気づきを得るための鍵といえるかもしれない。

　先に例をあげた上司が認知科学や社会心理学の分野に関心があり，関連する本を読んでいれば，部下の育て方に多くのヒントを得ていたであろう。あるいは，人材育成の専門家とのネットワークがあれば，

経験則だけに頼らずに済んだかもしれない。しかし，一般の社会人が
この種の分野の本を手にすることはまれであろう。読書までいかなく
ても，ネットなどで気になったことを徹底的に調べるという方法でも
よい。そこから芋づる式でテーマを深め，本を探すということもある
からである。

② 気づきを深める

2-1 個人的経験

　日常生活において，多様な経験をするが，そのほとんどに注意を払
うことはない。とくに，長年勤めている職場などでは，ルーチンとし
て業務をこなすことが多く，一つひとつの業務に特別の注意を向ける
ことは少ない。むしろ，そのような業務の進め方が効率化を進めるこ
とになる。

　しかし，そのような日常の業務であっても，ときに違和感を覚える
ことがある。複数の人間が同じ状況に遭遇しても，一人だけ違和感を
抱くこともある。何か説明のできないモヤモヤを感じることは職場に
かぎらず，いろいろな場面で経験することである。

　つまり，違和感を覚えることは個人的な経験であり，ときにはその
ように感じる自分自身に問題があるのではないかと考えることもある
かもしれない。ただし，違和感は思考プロセスを深める可能性がある。
つまり，違和感の原因は何かを探ろうとする行為にたどり着くことが
できれば，個人的な経験はより一般化される可能性をもつことになる。

2-2 他者の存在

　違和感をもち考えることは個人的な経験であるが，それを第3者の
視点から検討することで，新しい知見が得られる。インターネットや
本の情報，あるいは他者のコメントが経験を分析する手がかりとなる。
その経験が価値あるものかどうかを判断することも可能になる。

　今回のケースでは，担当する子どもの行動に違和感を覚えたことが
始まりである。専門職として知識はもっており，それに準拠して子ど
もの行動を観察した結果，それまでの知識では説明できないと感じた
のである。問題行動であることは事実であるが，その理由を説明する
ための言葉を持ち合わせていなかったのである。そこで，自分の経験
を他者に伝え，理解しようとしたのである。

　しかし，最初に抱く違和感を言葉にすることはむずかしい。そもそ

も言葉で十分に表現できないからこそ違和感と呼ばれるのである。

宿題1　他者の視点を取り入れることで，思考を深めることを「メタ認知」と呼ぶことがあります。そこで，メタ認知の定義と方法論についてまとめてください。

メタ認知の定義	
メタ認知のための方法	

2-3　言葉にするむずかしさ

　自分の頭のなかにあるものを，言葉に表現することは簡単なことではない。外国語であれば，語彙の不足あるいは文法を理解していないことが足かせになり，うまく表現できないことはある。しかし，母語である日本語であっても，やはりむずかしいと感じる場面はある。日本人が言葉を介して自分の考えを伝えるより，以心伝心を尊ぶ傾向にあることが一因かもしれない。

　改めて，なぜむずかしいのかということであるが，今回のケースで即して考えると，対話しながら思考を高めるという習慣がないからといえる。ケースにあるように，自分の違和感を伝え，それが正しいかどうかの判断を施設長に求めている。施設長も部下の意向を組んで，自分の考えを伝えている。このようなやり取りは「答え合わせ」ための会話と呼ぶことができる。

　生徒が発言し，それに対して正しいかどうかを教師が告げるというスタイルの会話である。職場においても同じことが行われているのである。このときの暗黙の前提は，上司は部下より知識や経験があり正しい判断を下すことができるということである。しかし，このような前提を置くことが現実的でないことは，社会経験のある人であれば誰

でもわかることである。それにもかかわらず，職場では「答え合わせ」の会話が散見されるのである。

　上司は部下を正しい方向に導くことが使命であると考えれば考えるほど，学校の教室と同じ会話が繰り返されることになろう。同時に，部下も上司の姿勢に影響を受け，回答を求めようとする。このような状況を回避するために，コミュニケーションの基本を検討することにする。

③ コミュニケーションの基本
3–1 コミュニケーションをめぐる問題

　コミュニケーションは日常的に使用される言葉であり，その意味は共有されていると理解している。しかし，ときどきコミュニケーションが機能不全を起こすことがある。そのことにより，実務ではいろいろな問題が発生する。上司からの指示を取り違えたり，あるいは上司の指示が部下に理解されなかったために，計画した業務が遂行できないことがある。

　問題が生じると，上司はこんなに丁寧に時間をかけ具体的に指示したにもかかわらず，仕事でミスを犯したのは部下の能力のなさであると嘆く。はたして，部下だけの問題なのか，それとも他に要因があるのか，この種の問題があちこちの職場で聞かれることは，部下だけの問題であるとは考えにくい。能力のない部下がそれほど多くいるとは想定しにくいからである。

　上司は一生懸命にコミュニケーションをとっているつもりになっている。一生懸命，言葉を尽くした分だけ，部下が指示の通りに仕事ができなければ感情を害することもあるだろう。さらに，指示の通りに成果が出なければ，さらに言葉を重ね，時間をかけることになる。

　このような状態に陥ることは業務の生産性を著しく下げる。むしろ，上司と部下との人間関係も悪くなるかもしれない。

3–2 コミュニケーションの定義

　さて，3–1での上司と部下の関係は次のように図示できる。

図8-1　AからBへの伝達モデル

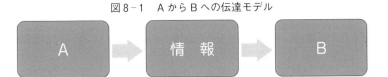

　Aは言葉や態度，表情などによって，「情報」をBに伝えようとする。このモデルに従えば，情報を意図通りに伝えるために，いろいろ工夫をすることが推奨される。具体的な表現にするとか，わかりやすい言葉を使うといったことである。他方，BはAの意図通りに情報を理解することが期待される。

　しかし，現実の場面では多くの齟齬が生まれる。Aが上司でBが部下であり情報伝達がうまくいかなければ，業務に支障をきたすこともある。あるいは，ケースのようにAが部下で現場の状況を知らせることが十分できなければ，上司であるBは的確な判断ができなくなってしまう。

　さて，ここで考えておきたいことは，情報の発信者が想定する「具体性」とか「わかりやすさ」である。これらの程度を決めるのは，情報の受け手であり，送り手ではないということである。コミュニケーションが成立するかどうかは受け手が決めることになる。

　このように考えると，情報を共有するというイメージの方が現実のコミュニケーションであるといえる。

図8-2　コミュニケーションの共有モデル

　このモデルに従えば，当事者のAとBが情報を共有することがコミュニケーションのゴールになる。共有するため，Aが注意すべきことはBの状況や能力を考慮することである。コミュニケーションはキャッチボールであるというメタファーが使われるが，キャッチボールを続けるためには相手の体格や力量に合わせてボールのスピード，高さなどを調整する必要がある。相手にボールを投げつけるので

はキャッチボールは成立しない。

　したがって，コミュニケーションが成立するためには，相手を知ることが何よりも優先されなければならない。コミュニケーションの原義を求めると，古語の英語の意味は "share" といわれる。互いに共有することが本来のコミュニケーションの意味なのである。

3-3 実務への活用

　コミュニケーションの定義を理解できたこところで，実務への応用が次の課題となる。コミュニケーションが何らかの行動変容を促すものであるとすると，マネジメントにおいては大事な課題となる。

　自分から相手にシェアしたいことがある場合には，キャッチボールを想定すればよい。ただし，最初からキャッチボールが続くとは考えず，何度かの失敗を踏まえて，相手の力量を探り当てることが最初にとるべきステップである。一旦，相手の得意，不得意がわかれば，それに応じてボールを投げることができる。そして，キャッチボールが長く続くようになれば，キャッチボール自体が上達する。いろいろなバリエーションの投げ方を試すことができるようになる。相手のボールの強さやコースも読めるようになれば，コミュニケーションの質は高まっているであろう。

　上記のような状況になることが理想であるが，すでに指摘したようにキャッチボールをすることをためらう相手がいることもある。一度，相手がボールを受け取り損ねると，そこからボールを投げることをやめてしまうのである。このような状況に陥らないためには，日頃からの信頼関係が欠かせない。「なんでも話すことができるのだ」という感覚を相手にもってもらうことが大事になる。そのためにどのような行動を取るべきかついては第2章で詳述したが，改めて信頼関係のためには一定の時間をかける必要がる。その時間を耐えることが施設長には求められる。

　また，相手が投げてきたボールを受け取るだけなく，何度か投げ返すことも大事である。話しかけられて，紋切型の返事が来ると相手はそれ以上言葉を加えようとはしないからである。あるいは言いよどむかもしれない。とくに，相手の問いかけにYES/NOで答えてしまうと，相手は二の句が継げなくなってしまう。たとえば，どうして，そのように考えたのかという理由を聞くとよい。相手の発言が十分に理解できなくても，発言自体を促すことで，互いに共有するものが生ま

図8-3　会話が中断するクローズド・クエスチョン

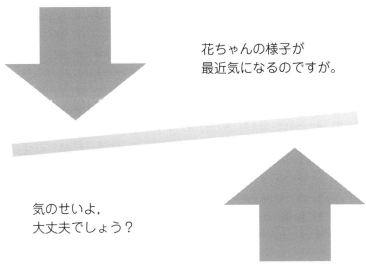

花ちゃんの様子が
最近気になるのですが。

気のせいよ,
大丈夫でしょう？

図8-4　キャッチボールを続けるためのモデル

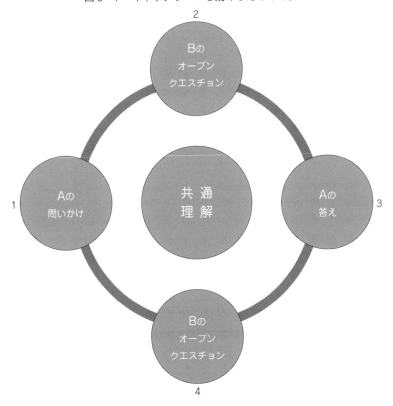

れることになる。会話を続けるために，話し手は使用する言葉を変えたり，表現を工夫したりして相手の立場を考えるようになるからである。

つまり，クローズド・クエスチョンは会話を終了させ，オープンクエスチョンは会話を継続させ，共通の理解を可能にするのである。

たとえば，今回のケースの場合，どこが気になるのか，どのタイミングの行動なのか，などできるだけ多面的に聞くことによって，相互理解が深まる。経験年数が少ないからといって，言葉を遮り結論づけることは避けるべきである。ただし，理解することと相手の主張，意見を受け入れることは区別しなければならない。あくまでもコミュニケーションのゴールは共有することであり，前提は相手を理解することである。決して同調することではない。

宿題2　言葉によるコミュニケーションの方法として「会話」と「対話」があります。両者の違いを整理してください。

	特　徴
会　話	
対　話	

それでは，最初の回答を改めて添削してください。

第9章

保護者会の企画立案

～リーダーシップを考える

> いろいろな場面でリーダーシップを発揮することが求められることがある。役職としてリーダーシップが必要であることはいうまでもない。しかし，ときとして部下が自分の指示に従うことをリーダーシップと勘違いする人がいる。部下が指示にもとづいて行動するのは相手が上司だから，つまり権限をもっているからである。組織の規則であるといってよい。このようにリーダーシップの概念について誤解が見られることがある。あるいは，若手にとってリーダーシップは無縁であるという考え方を再検討する必要がある。そこで，本章では「リーダーシップ」の基本についての理解を深めることにする。

＊次のケースを読んで設問に答えてください。

ケース 9　リーダーになる経験

「桑田施設長，私が来月の保護者会を担当するとのことですが。あの，ご存知の通り，まだまだ未熟で自信がないです。しかも，ベテランのみなさんがいらっしゃるのに，なぜ私なのでしょうか」。

「今西さん，この施設で何をしたかったのかしら。プロとして活躍したかったのよね。社会福祉のプロというのは毎日やってくる子どもの面倒をみることだけかしら。養育という仕事はとても地味に思われているのは知っているでしょう。保育に比べたら，マスコミに取り上げられることも少ないわ。少子化といえば，保育所の数を増やせという論調ばかりよね。あなたが養育を選んだのはなぜ？　養育に特別な思いがあるからじゃないの」。

今西は社会福祉での実務経験は短いものの，大学院で社会福祉を学び，専門知識は施設のなかでも飛び抜けていた。しかし，そのことを鼻にかけることもなく，熱心に仕事をしていたし，他の職員の行動から真摯に学ぶことを心がけていた。

　そもそも社会福祉の現場で大学院までの教育を受けた職員は極めて少数派で，どちらかというと職場では浮いている存在であった。他の職員の羨望と嫉妬の入り混じった感情がそうさせていたのであろう。しかし，今西は違っていた。性格ややわらかい物腰のおかげか職員も違和感なく今西を受け入れている印象があった。

　仕事に真剣に取り組む姿は好感が持てたが，どこか物足りなさを桑田は感じていた。これから施設の運営を任せたい，将来的には社会福祉の世界を変えてほしいと望んでいた。そのためには，周囲を巻き込んで新しいことにチャレンジする能力を身につけることが必須だと考えていた。

アサイメント・シート

日付　　　年　　月　　　日

設問 1　あなたが保護者会を任せられたら，どのような企画を考えますか？

設問 2　あなたが考えた保護者会の企画を他の職員に説明し，成功させるためにはどのような点に気をつけますか？

1 保護者会の意義
1-1 保護者会とは何か

　社会福祉施設などで働いた経験のある人であれば，保護者会など利用者の家族との接点をもつ行事に参加したことはあるであろう。あるいは実際に企画したことがあるかもしれない。1年に1度あるいは半年に1度など，施設の運営計画に盛り込まれていることがほとんどで，職員の立場から業務の一貫であり特に気に留めることもない。ベテランになれば恒例のイベントの一つと捉えているかもしれない。

　したがって，その内容も例年と同じものになることが多い。誰がいつ決めたかは定かではないが，前例を踏襲することになる。たとえば，家族同士の自己紹介，施設の運営方針や計画の説明，利用者の日頃の様子の報告などである。そして，保護者が参加しやすいように土日，あるいは祝日に施設に来てもらうというスタイルが一般的である。現代の就労構造を考えると，サービス関連で働いている人たちが多数派を占める。したがって土日がよいとは限らないのにもかかわらず，慣行が優先される。

　さらに，保護者会の後にアンケート調査を参加者に実施し，満足度が高いという理由で次回も同じような内容の保護者会となる。ここで注意しなければならないことは，参加しなかった保護者の声は何もわからないということである。さらに，保護者会の内容に満足を示すことがその施設の提供するサービスを肯定的に受け入れているとはかぎらないということである。施設側もアンケート調査の満足度が高ければ，それ以上の改善をしようとする動機をもたないことになる。結果として，慣習に則った保護者会が続くことになる。

　つまり，保護者会はどのような目的で開催されるのか，ほとんどの職員は自覚することなく，年間行事として淡々と職務をこなすのである。

1-2 保護者会の目的

　それでは，保護者会の目的とは何か，改めて考えることにする。保護者会に限定することなく，利用者の家族とのコミュニケーションと捉えることにする。このように視点を拡大した方がより適切な考察が可能になるからである。コミュニケーションの基本はすでに解説したが，そもそも利用者とのコミュニケーションを円滑に進めること自体

簡単なことではない。ましてや，家族とのコミュニケーションはハードルが高い。その理由は先に見たように，「保護者会」の目的を職員が自覚的に実施しているとはかぎらないからある。繰り返しであるが，保護者会の参加者の満足度が成否の判断基準には必ずしもならないのである。

　たとえば，保護者を通じて，利用者を知る機会と考えるべきではないだろうか。利用者は施設だけでなく家族と一緒に生活しているのである。家庭の様子を知ることで，施設でのサービス内容を改善するための情報を得ることができるからである。

　つまり，あくまでも保護者会，家族との関わりの場は提供するサービスの向上に活用すべきではないだろうか。

1-3　保護者会の内容を向上させる

　保護者会の目的が上記，1-2のようであるとすれば，どのような内容にすべきか検討する基盤ができる。恒例行事ではないという自覚が大事である。保護者会をそもそも開催する必要があるのか，代替手段はないのかということも検討対象となろう。

　保護者と施設職員とのコミュニケーションは取ろうと思えば，いろいろな手段がある。年間の施設の方針を伝えることもできれば，利用者の様子を報告することもできるし，さらに積極的には家庭での生活様子を聞いたり，ときには生活の改善提案をしたりすることもできる。つまり，場を共有することで情報の量や質において，十分なコミュニケーションがとれる。もちろん，その方法論については考慮する必要があるものの，労力や工夫を惜しまなければ，本来意味でのコミュニケーションは成立するであろう。

　保護者の立場になれば，その会のために時間を割くのであるから，より有意義な内容であることが望ましい。保護者と施設職員コミュニケーションにおけるミッシングピースを探すことがヒントになるであろう。

　保護者あるいはより拡大して家族として，欲しい情報を想定すると，同じ立場の人たち，つまり家族との情報共有ではないだろうか。保育所であれば，発育の状況や家での過ごし方，絵本の読み聞かせ法，テレビ番組の選択，食事の準備や工夫など多岐にわたるであろう。高齢者施設であれば，散歩の付き添い，リハビリの動機づけ，食事の介助方法，あるいは旅行など，普段，職員に聞けない情報を交換したいの

ではないだろうか。

　さらには，同じ立場にある人間同士が一緒にいることで他愛のない話をするだけでよいかもしれない。自分が特別ではなく，みんな同じようなことを考えたり悩んだりしていること知ることで，明日からの生活の原動力になるのではないだろうか。

　もちろん，上記のような交流の場とすることは，保護者会のプログラムの一例である。大事なことはせっかく時間や労力を使い，保護者を巻き込むのであれば，その目的を徹底的に検討することである。

2 当たり前を見直す
2-1 常識を疑う

　保護者会にかぎらず，「当たり前」という感覚で仕事をすることが組織ではよく見られる。慣習だからといって，忘年会や新年会を開催することもあるが，最近は出席率があまり高くないといわれる。これらの会は相互の親睦を深めることがもっとも大きな目的であるが，強制的に出席を求められていると感じる若手も少なくないようである。また，主催者側も例年と同じ出し物をするとか，あまり工夫がみられなく，親睦を深めることができる人たちとそうではない人たちと分かれるようである。

　このような宴会だけでなく，仕事のやり方にも同じことがいえる。会社の年度の方針共有方法から始まり稟議書の書き方やハンコの数まで，慣習に基づいていることが多い。たとえば，年度初めに経営方針を経営側が社員の前で話すことはよく行われるが，セレモニー化し多くの社員はその方針を理解し念頭に置き日々の業務を進めていることはまずないと思われる。ほとんどの社員は年頭の挨拶を記憶していないからである。

　なぜ，このような状況になるのか，理由はいろいろと考えることができるが，長期間にわたり組織のメンバーが変わらないことを指摘できる。とくに，日本の多くの組織は新卒で入り，そのままキャリアを歩む。他の組織の状況，仕事の進め方を知らないままなのである。一つの会社の文化しか知らなければ，違和感を抱くことはないであろう。日本の社会に生まれ育てば，箸で食事すること茶碗をもつことは作法として教えられる。しかし，箸を使う文化だけに限っても，食器を手にもつことは決して普遍的なマナーではない。食文化のバリエーションはいろいろあるが，時間が育んだものといえよう。

　同じように，組織における仕事のやり方も時間の経過とともに形成されたものである。しかし，ある施策が始まったのはその時の背景が色濃く反映される。たとえば，日本では退職金制度が一般的であるが，これは賃金の後払いの性格をもつ。長く働いてもらうために，月や年の単位での支払いを先延ばししているという考え方である。先延ばしすれば，その分退職金を得ようと長期間にわたり同じ職場で働こうとするインセンティブが生まれるからである。

2-2 新しい方法を考える

　常識を疑うと，日常の当たり前が違うように見えてくる。その違いを深く考えると不合理なことに気づくことがある。すでに，違和感が業務の改善においては大事であることは指摘したが，改善つまり新しい方法を考えることは簡単ではない。

　いつもとは違う視点でいつもの事柄を観察するためには，観察者自身が変わる必要がある。そのためには，一般論であるが日常的に勉強していること，そして「当たり前を当たり前と受け入れず，そもそも論」を考えるマインドセットをもつことである。

　新しいことへのチャレンジを楽しむようになることがゴールといえよう。そのためは，下記の概念を整理することが役に立つであろう。

宿題1　新しい方法を生み出すことを「イノベーション」と呼ぶ。そこで，イノベーションの定義をまとめ，その条件を整理してください。

イノベーションの 定義	
イノベーションの ポイント	

2-3 行動変容を促す

みずからのマインドセットが変わるだけでは不十分である。組織を構成するメンバーの同意と行動が変わらなければ，結局，もとのままである。他人の行動を変える方法はいくつもあるが，多くのレパートリーをもっていると役に立つであろう。

たとえば，フリードマンとフレイザーの二人によって提唱された「フット・イン・ザ・ドア・テクニック」と呼ばれるものがある。最初に小さなお願いごとし，それが一旦受け入れもらえると，次により大きな依頼にも応じるようになるという理論である。これは人間の認知は一貫性を維持しようとする傾向があることを示している。「認知的不協和」を人間は嫌う傾向があると表現してもよい。

上記のような理論は社会心理学と呼ばれる分野で研究されている。人の行動変容を促すためのヒントが含まれていることが多い。

宿題2　次の理論を調べ，その概要をまとめてください。

理　論	概　要
認知的不協和	
返報性の法則	
権威性の法則	

　　上記以外にも，実務に役立つ理論は多くあるので，宿題以外の理論

も学ぶとよい。

3 リーダーシップの基本
3-1 リーダーシップが必要とされるとき

　社会心理学の理論を応用することで，他者の行動変容を促すことが可能となる。とはいえ，どこを目指すのか，何を達成したいのかということが明確でなければ，人の行動を惑わすだけに終わる。「理論」には志向性がないので，応用する人間によっていかようにも方向づけすることができる。数理科学に長け，コンピュータの基本原理を生み出したフォン・ノイマンの計算によって広島と長崎の原爆は大きな被害をもたらした。これは極端な例といえるかもしれないが，理論自体に価値観を求めることはできないのである。

　向かうべき方向を定めることは人間にしかできないことである。方向を決める軸を考えることが人間の役割なのである。ある基準に基づいて，人の行動変容を促す行為がリーダーシップである。したがって，集団や組織を一定の方向に導くのがリーダーシップであるといえる。

3-2 リーダーシップの基本的考え方

　リーダーシップは英語で leadership と標記される。これを分解すると，次のようになる。

　まず，lead であるが，これは何か導くことを意味する。先んじて方向性を示すといってもよい。er は動詞のあとにつき，行為者を意味する。したがって，leader とはリードする人を表すことになる。日本語においても，リーダーとはまさに他の人を導く人を意味する。ここで，ポイントは ship である。friendship にも語尾に ship がつく。どちらも意味は同じである。

　ここで注意しなければならないのは，friendship を日本語で友情と訳すことである。「情」という言葉は人間の気持ちや感情を意味すると理解する傾向があるからである。友情とは気持ちの問題なのか，そ

れとも困っている友人を助けるという行為なのかを考えると明確になるであろう。友人を可哀想と思うつまり心のレベルのことではなく行為のレベルで理解すべきである。可哀想と感じることは誰でもできる。そこから一歩踏み出して，手を差し伸べるのが友情といえるのではないだろうか。

　同じく，リーダーシップは心構えでもなければ思いでもない。行為である。つまり，ship は行為を意味するのである。リーダーシップについて，精神論を持ち出すのはお門違いなのである。行為こそ相手を変えるのである。

　それでは，リーダーシップはどのように発生するのか。人を導く行為であるとすれば，他者の存在が不可欠の条件となる。つまり，次の図のように表現できる。もし，この循環のなかでBがAに従うことをやめれば，その瞬間，Aはリーダーシップを発揮できなくなる。

図9-1　社会的関係性としてのリーダーシップ

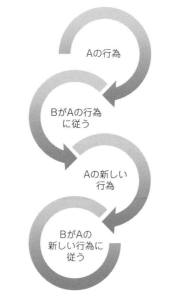

　つまり，瞬間的に相手の行動を変えるのであれば，命令でも脅しでもできる。あるいは，暴力的行為でも可能である。しかし，このような手法は一度だけ効果を発揮するだけである。継続させることはむずかしい。もちろん，洗脳などによって，人間は暴力的支配に従い行動することもあるが，これは倫理的に問題である。

　先に示した友情を例にとれば，一度限りの友情ということはまずな

い。つまり，friendship の ship は継続的行為であるとみなすことができる。そもそも一度だけ他人を助けることを友情とは日本語でも呼ばない。

　それでは継続性をどのように確保するのかが課題となる。リーダーの行為を信頼する人を確保することであるといわれる。リーダーに従う人をフォロワーというが，フォロワーが存在することがリーダーシップを発揮する前提条件である。ここで，信頼という言葉を使ったが，その意味するところは，裏切られる可能性があるかもしれないが，それでもリーダーの言動を信じるという意味である。フォロワーの行為もリスクを背負ったものなのである。

　このように，人格が高潔であるとか，頭脳が明晰であるとか，あるいは人にやさしいといったことは，リーダーシップを発揮するうえでの必要条件ではないのである。人格は個人に関する概念であるが，リーダーシップは社会的概念なのである。一人だけではリーダーシップは成立しないのである。

　このように考えると，リーダーとフォロワーが置かれた状況が両者の関係を成立させるかどうかを決めるといってよい。たとえば，危機的な状況で，右往左往してその解決策が見えないとき，一つの方向性を示してもらえることは救いになる。必ずしも，その方向性を理性的に判断したわけではない。むしろ，直感に近いものであるといえるかもしれない。

3-3　リーダーシップの発揮の仕方

　さて，実務の現場でリーダーシップを発揮しようとしたとき，何がポイントとなるのか考えることにする。すでに，リーダーシップについて理論的な説明はしたが，実際の場面でどのように行動すべきか，いろいろな条件を考慮しなければならない。

　ただし，最初の原動力は自分自身がリーダーシップを発揮したいと思うかどうかである。現状に問題意識をもつことが出発点である。あとは，方法論を身につければよい。リーダーシップは社会的概念であることを指摘したが，このことは状況に埋め込まれていることを意味している。状況に応じて，リーダーシップという行動は変えなければならないのである。

　どのようにリーダーシップをとるべきか，現在，自身が置かれた状況に似たような状況で，リーダーシップをとっている人をモデルにす

ることがよいと言われる。リーダーシップを発揮することに悩んだら，自分のモデルになる人を探すことである。それは，書籍のなかにあるかもしれないし，周囲にいるかもしれない，モデルになりそうな人物を探すこと，そしてその人の行動を手がかりに自分はどのように行動すべきか考えるとよい。

新人のときリーダーシップの参考になるのは，歴史上の人物よりも，学校の先輩，職場の先輩の方かもしれない。その人の行動を徹底的に観察することで，何をすべきかのヒントを得ることができるであろう。モデルを選ぶときの基準は3-2で説明したリーダーシップの基本原理である。これに外れて行動している人は，リーダーシップを発揮しているように思えるかもしれないが，実は別の要因によるものなのかもしれないので，注意すべきである。

そして，いつも同じ人物がモデルである必要はない。むしろ，自分自身の成長，キャリアに応じて，リーダーシップのモデルは変えるべきである。いつまでも同じ人物がモデルであるということは，成長していないことを意味するからである。つねに新しいモデルを求め，変化することが充実したキャリアにつながるであろう。

さて，改めて最初の課題に取り組み，気づきや学びをノートに整理してください。

第10章

会議の進行

〜組織の意思決定の基本

|||||||||||||||||||||||||||||||||||||||||||||||||||||||||||||||||||||||||||||||

　社会福祉施設にかぎらず組織で働く人にとって会議に出席することは日常的な業務である。しかし，会議の席上，建設的な議論が行われることはあまりないと嘆く声も聞こえる。会議で意思決定することは大事であることを出席者はみな認識しながらも，的確な意思決定をすることがむずかしいようである。

　日本人は議論することが苦手であるという指摘もあるが，国民性のせいだけにもしていられない。組織の方向性を決めるために議論することは不可欠である。意思決定の積み重ねによって組織が最終目的を達成できるかどうかが決まるからである。そこで，本章では会議の基本を検討する。

＊次のケースを読んで，設問に対して自分の考えを書いてください。

ケース10　会議の結論が出せない

　「わたし，この件に関しては九鬼さんのおっしゃる方法で良いと思います。九鬼さんは介護の現場で長年，活躍されてきたのですから，その判断に間違いはないからです。去年あったご家族とのトラブルも，きちんと向き合って解決されましたし，今回もその経験に基づいた発言ですから，間違いないと思います」。

　「たしかに，佐々木さんの言う通りだと思います。私に比べ知識も経験も豊富ですから，九鬼さんの提案で良いと思います」。

　会議の議題は問題を抱える入居者の家族との面談の内容についてであった。軽い認知症にかかっているものの，日常生活には問題がない

入居者ではあったが，一時帰宅すると家族に暴力を振るうという相談であった。九鬼の提案は家族の問題なのだから，家族のなかで相談して解決すべきであり，施設は関与すべきではないということであった。

　青山施設長は，このまま会議を進めるべきか躊躇した。いつものことであったが，会議で何か決めようとすると，出席者はベテラン職員の九鬼のことばかり気にして議論を深めようとしなかった。さらに，気になっていたのが，九鬼の経験は確かに豊富であるものの，最新の理論的知見を知らないし，介護技術もかなり古いやり方に固執していた。

　法人として若手の職員の定着率を高めるために，肉体の負担を軽くするために介護ロボットを計画したが，九鬼は真っ向から反対意見を述べてきた。「人を介護するのは人であるべきで，機械に頼ることなどとんでもないことです」と語気を荒げていた。

　会議の席で，九鬼が発言すると，誰も反対する者はいなかった。意見に同意しているというよりも，考えることが面倒，議論したくないという他人任せの雰囲気であった。一人ひとりに発言を求めても，主体的な意見はほとんどなかった。ほぼ，会議の体をなしていなかった。

　結論を出さず，一旦会議を閉じることにしたが，次の会議をどのように進めるべきか，青山には何もアイデアがなかった。

アサイメント・シート

日付　　　年　　月　　　日

設問 1　青山施設長と同じような経験をしたことがありますか？　あるいは見聞きしたことがありますか？　その内容をまとめてください。

設問 2　会議で建設的な議論をして意思決定するためには，どのようなことに気をつけるべきだと考えますか？

1 集団の意思決定
1-1 独裁者も会議

　世界には独裁者によって統治される国がある。国民の生殺与奪さえも自由になる国もある。それでは独裁者はあらゆることを一人で決定しているのであろうか。独裁国家といわれる国でも会議が行われている様子がテレビで放映されることがある。

　この種の会議にはどのような目的があるのか。侃々諤々の議論をしているようには見えない。議案に対して熱狂的な拍手で賛成の意を表しているシーンが印象的なことがある。自国の会議をこれ見よがしに世界に放映することは何を目的しているのであろうか。日本の国会が海外に放映されることはあまりないようである。独裁者がその言葉が意味するように国の方針などを独自に決定するのであれば，会議の必要はない。

　ここまでではないにしろ，日本の組織でも同じような光景が見られる。社長が決めたことに賛同を得るための役員会である。このような役員会の進め方は，組織として一枚岩と呼べるかもしれない。しかし，質の高い意思決定が行われているとは言い難い。最悪の場合，企業犯罪の温床にさえなりかねない。

　上記のような会議のあり方はみずからが国，組織を統率することを印象づける，つまるところ儀式的な要素があるのかもしれない。

1-2 他人に流される

　独裁的な意思決定を避けるために，賢明な人間だけで議論すればよいのだろうか。知識，経験など豊富で，冷静な判断力をもった人間だけが集まり，意思決定すると優れた結果になるのだろうか。

　たとえば，日本では政治的見識の優れた人物が国民を代表して意思決定をするという仕組みをもっている。民主政をとっている国ではほぼ同じような制度を運用している。しかし，議会ではつねに的確な意思決定をしているとは限らない。歴史もそのことを示している。

　なぜ，優れていると思われる人間が集まっても，ときに愚かな決定を下すのであろうか。人間の性向として，自分が正しいと考えたことも他人の存在や意見によって変えることがある。その代表例が「集団浅慮」（グループ・シンク）である。集団で意思決定するとき，気をつけなければならない理論である。

宿題1　以下の集団浅慮などの言葉の定義を調べて整理してください。

	定　義
グループ・シンク	
グループ・シフト	
リスキー・シフト	
同調圧力	

　繰り返すが，上記のような傾向は個人の頭脳が明晰であるとかないとかに関係なく，一定の条件が揃えば誰にでも見られる傾向なのである。

1-3 多様性が大事

　集団での意思決定が間違った方向にいかないようにするためには，少数意見，反対意見を尊重することである。その際，少数意見を吟味することなく受け入れるのではなく，意見のもとになっている根拠，背景を理解することが欠かせない。もちろん，多数派の意見であっても，根拠がない，あるいは希薄であるものには気をつけなければならない。他人に同調しているだけかもしれないからである。

もちろん，少数意見，反対意見が適切であるとは限らない。しかし，それらの意見は検討するうえで新しい視点をもたらしてくれる可能性がある。ここに価値がある。様々な可能性について，網羅的に検討してはじめて，より適切な意思決定が可能となるからである。そうしなければ，視野狭窄に陥ったまま結論を導くことになる。

　ここで厳密な表現をすると，意見とは個人の信念の表明であり，必ずしも論理的整合性があるわけでもなく，また根拠づけられているわけでもない。論理的な根拠をもつ場合，「主張」というべきである。信念つまり思う思わないといった意見を戦わせることは建設的ではない。

② 会議にはルールが必要
2-1 会議への取り組み方

　「意見」と「主張」の違いがどれだけ認識されているだろうか。あるいは，厳密に両者を区分しなくても，根拠と論理性をもった議論は実際の会議でどれだけ行われているだろうか。

　日本人は論理的思考が得意ではないといわれる。論理的な議論ができないとすれば，ケースのような状況はいろいろなところで起きるのではないだろうか。したがって，会議の質を高めるためには，少なくとも論理的思考を身につけておく必要があろう。そして，本書ですでに指摘したことではあるが，基本的なコミュニケーション能力は欠かせない。改めて確認すれば，日本語をコミュニケーション・ツールとして使いこなす能力である。

　それぞれの主張の論理性や根拠を吟味することが多様性を受け入れることであり，組織としてより質の高い意思決定をもたらす。そのためには，議題に対する深い理解が前提となり，事前の準備は欠かせない。

2-2 会議の種類

　さて，会議といってもいろいろな目的がある。これまでは意思決定を中心に検討してきたが，意思決定以外の目的をもつ会議もある。会議の目的を大きく整理すると，

1）意思決定
2）情報共有

３）創造・アイデア出し

となろう。

　まず，「意思決定」であるが，組織としての方針を決めることが目的である。組織として適切な意思決定とは何かを議論するうえで大事なことは，「適切さ」自体を決める判断基準を一つにすることである。何が適切なのかを出席者の価値観に合わせていたのでは，つまり判断基準が複数あるのでは何も決まらない。「Aさんの言うことはたしかにもっともだ」とか，「でも，Bさんの提案も道理にかなっているので捨てがたい」とか，「それでは折衷案でいきましょう」とかといった発言が飛び交うようでは，質の高い議論はむずかしいであろう。このような状況を回避するためには，何よりも判断基準に対して集中的に検討し統一することである。会議のなかでもっとも時間をかけるべき論点であるといえる。一旦決まった判断基準にしたがって，具体的な状況を分析することでより質の高い意思決定ができることになろう。

　つぎに，「情報共有」であるが，ゴールが明確でないことがある。何らかの決定事項を知らせることが情報共有ではない。共有された情報にもとづいて，同じように行動することがゴールである。「3月3日に5Sのラウンドをしますので，ご協力よろしくお願いします」という発言の趣旨は，ラウンドに向けて準備をしておくということを意味する。つまり，準備のために，どのようなことをしなければならないのか，などの事柄まで理解を共有しておく必要がある。

　あるいは，本格的な議論，意思決定のための準備段階として情報共有が必要な場合もある。たとえば，問題が生じ対策を検討しなければならないとき，まず大事になることは状況の確認である。意思決定のための議論をする前に，事実にもとづいて何が起きたのかを共有することも大事である。

　上記のように，会議で情報共有するということは次のアクションを想定しておくことが必要となる。

　最後に，「創造・アイデア出し」を目的とする会議であるが，KJ法などが有名であるが，日常的な会議において，いつもKJ法を使うことはできない。理由は準備を含めかなりの時間がかかるからである。もちろん，創造・アイデア出しだけの会議が開催できるのであれば，

KJ法を使うこともできる。

　しかし，そこまでの時間を割くことができない場合は，別の方法をとるべきであろう。さらに，議論の最中でも複数のオプションを出したうえで，一つに絞るといった方法は一般的な進め方である。このような場合は，モードを変えることが欠かせない。たとえば，ある問題の対策案を検討していたとき，多くの案を出すことは網羅的に考えるための条件となる。だからといって，KJ法を準備するまでの時間的余裕がないとすると，会議の進行のなかで，アイデア出しのモードに入ることを宣言するとよい。ある程度，アイデアが出た段階で，どれを選択するかの意思決定をすればよい。

　とてもシンプルな方法であるが，会議の場が混乱し結論がでないまま時間だけが過ぎる状況を回避することができる。「今何を話すべきか」ということの認識が出席者によって異なると議論が散漫になるからである。いうまでないが，創造・アイデア出しのモードになったら，アイデアの批評ではなく，数をたくさん出すことに専念すべきである。

　ところで，意思決定，情報共有においてもモードを宣言するとよい。この議題は意思決定のモードで議論すると宣言するだけで，議論が迷子になる確率を下げることができるからである。議論の交通整理をするのがモードの機能なのである。

宿題2　創造性を高める方法として，KJ法と「ワールド・カフェ」について調べ，まとめて
ください。

KJ法の目的と 進め方	［目的］ ［進め方］
ワールド・カフェ の目的と進め方	［目的］ ［進め方］

2-3 会議のルール

　ここでは，会議の議長あるいはファシリテーターとして注意すべきことを考える。会議という相互行為に方向性を与えることがファシリテーターには求められる。

　会議の進め方自体はいろいろな書籍で紹介されている。とくに，最近はファシリテーションという用語も使われ注目されている。特定の個人が会議の席上でどのように出席者から意見を引き出し，的確に結論を出すかということに焦点が当てられている。

　たとえば，

1）会議の目的を明確にしてから始めること
2）会議のアジェンダを事前に共有すること
3）会議の書記などの役割分担をすること
4）アジェンダから逸れた議論は軌道修正すること
5）論理的に飛躍のある議論は止めること
6）会議の結果（結論，継続審議テーマなど）について再確認すること

といったことが挙げられる。

　もちろん，これらは最大公約数的な項目であり，例外もあろう。アジェンダが外れた議論を上席者が始めると，止められない。軌道修正はほぼ不可能で，上席者が議事を進行するようになることさえある。同じように，上席者あるいは経営者が突然，論理飛躍させたり，別の議論を始めたりすることもある。むしろ，このような状況が日常的に起こっている組織もある。

　組織は階層構造になっている以上，上席者が会議をリードすることに異を唱えることはむずかしいであろう。上席者が会議を乱そうという意図をもって振る舞っているわけではなく，自分が考える理想の会議の進行をしているだけかもしれない。このような状況を許せば，上席者の属人的な志向に会議は左右されることになる。出席する上席者が違えば，また進行の方法も変わる可能性がある。このような会議では質の高い意思決定を期待することはむずかしい。

　そこで，会議のルールを作成する必要が出てくる。ファシリテーションの巧拙だけが議論を深めるわけではない。それぞれの組織の特性にあったルールを決めることが大事になる。その理由は会議の出席者の

権限を超えて，従うべきルールがあると，会議の議論が一定の質を保つことができるからである。経営者であっても会議のルールを守ることを求めることによって，会議の質は向上するのである。たとえば，アマゾンの創業者であるベゾスはみずから作った会議のルールに従うことを誓い，もしルールに抵触するような言動した場合，他の出席者から指摘を受け，発言を訂正するように求められるという。

③ 会議の活性化
3-1 最初の一歩

それぞれの組織が独自の習慣のもとに，会議を開いていることが多い。会議を何のためにするのかが自覚されていないことがある。その証拠が一度，会議体ができると，それを見直すことをせず数だけが増えることである。気がついたら似たような会議体がいくつもあり，しかも出席メンバーもほぼ同じといったことがある。

もし，このような状態であるとすれば，一つひとつの会議体の目的が吟味されていない可能性が高い。設立した当初は必要性があったとしても，時間の経過とともに役割がなくなることもある。

会議の生産性を高めるためには，会議のファシリテーションも大事であるが，まず会議の数を整理する必要があるのではないだろうか。出席する会議の数を減らすことで他の業務に集中する時間が増えることになるからである。

そのうえで，先に指摘した会議のルールを作成すべきであるが，必要性について納得してもらうことが次のステップとなる。

3-2 時間をかける

会議のルールを作成すれば，終わりということではない。運用習慣が定着して始めて意義がある。そのためには，会議のルールを設ける意義を理解してもらう必要がある。運用することで，会議の生産性が上がることが理想ではあるが，短期間で向上することはないであろう。むしろ，ルールの運用に戸惑うことが多いと想定されるからである。このとき，会議のルール自体に疑問を呈する声が出るかもしれない。

会議のルールに慣れるまでの時間をどのように耐えるかがポイントとなる。基本は組織の長がトップダウンで指示することが望ましい。社会福祉施設であれば，施設長が決めるとよい。ボトムアップで決定したのでは，定着するまでの時間を持ちこたえることはできないであ

ろう．それでも，反対意見は出ることは予想されるので，これまで詳
述してきたことをベースに理論武装しておくとよい．

3-3 会議を楽しむ

　会議は組織の方向性を決めるものである以上，真摯に取り組む必要
がある．間違った方向に組織が進めば，組織の存続が危うくなるから
である．そのため，質の高い会議を進行するための要点を検討してき
た．会議のルールの設定，運用は大事であり，質を高めるための必要
条件であるといえる．

　多くの組織ではまず必要条件を整えなければならないであろう．そ
のためにかかる時間と忍耐を覚悟する必要がある．しかし，その先に
あるのは創造の世界であるといえる．つまり，本来，意思決定は創造
的な活動であることに気づくことになろう．それまでなかったものを
つくる，新しい方法を試す，問題を解決するなど，いずれも人間とし
て極めて知的な活動である．

　会議の席上で，この知的興奮を体験できたとき，まさに会議自体の
質は高まることになろう．さらに，会議で決定事項が実行され，組織
としてより良い付加価値を提供できるようになれば，さらに知的興奮
は高まることになろう．そして，マネジメント自体も創造的な活動で
あるといえる．

　創造的な活動を楽しむようになることが会議の十分条件であるとい
える．「会議を楽しむ」ことができるようになれば，マネジメントの
質も高まることになろう．業務の一環として，義務として会議室に座っ
ているのではなく，主体性をもって，創造的活動をしていると自覚で
きたとき，会議の出席者の一人ひとりは自発的に発言し，組織として
の最善策を考えるようになるであろう．

　本章のケースのように重苦しい会議の雰囲気から抜け出すために，
何が必要か，改めて課題に取り組んでほしい．

おわりに　オリジナルのケース・スタディを始める

　10のケースを通じて，社会福祉マネジメントの基本的なフレームワーク，理論などを身につけたら，次はそれらを活用するためのステップに進んでほしい。

　まずは，いろいろな場面で使ってみることである。最初はうまくいかなくても気にすることはない，応用力は時間の蓄積が決めるからである。行き詰まったら，本書を読み返せばよい。もちろん，紹介したフレームワークや理論だけでは不十分なこともあろう。そのときは，マネジメント関連の書籍を読むことをおすすめする。

　つぎに，オリジナルのケース・スタディをしてみてはどうだろうか。職場はケースの宝庫である。これまで身につけたスキルで実際のケースを分析し解決策を考えるのである。これは集団で取り組むとよい。多様な視点から議論できるからである。

　作成するうえで注意しなければならない点は，個別のフレームワークや理論を応用することはもちろんであるが，なによりも事実の確認である。的確な事実の確認がケース作成の基本である。事実が曲解されたり，誤解されたりしていたのではその後，分析にいくら力をいれても意味がない。

　ところが，実務のなかでは事実を正確に把握するということは簡単なことではない。とりわけ問題が生じた場合，その当事者の発言の真偽には注意が必要となる。本人が意図的に事実を変えるということではなく，無意識のうちに説明のしやすい因果関係をもちだすからである。他方，何かの施策がうまくいった場合も都合よく理由が説明されることがあり，やはり注意が必要となる。いずれも，当人の問題というよりも，人間の認知バイアスが原因であることが多い。

　上記のようなことに気をつけて，文章にまとめることが大事である。文章化された「ケース」を共有し，議論することがケース・スタディのスタートである。第7章でふれた「カンファレンス」と同じと考えればよいので，ケースカンファレンスと呼んでみてはどうだろうか。

　もちろん，議論の質が高まるためには，時間がかかることを覚悟しなければならない。自組織に関するケースを作成し，メンバーで議論

することを習慣にできれば，組織全体のマネジメント力が向上することになろう。何よりも，一人ひとりが当事者として考えることができるようになるからである。

主要参考文献 (50音順)

伊藤　崇 (2020)『大人につきあう子どもたち』共立出版

イバーラ，ハーミニア (2015)『誰でもリーダーになれる特別授業』
　翔泳社

岩田　誠 (2015)『臨床医が語る　認知症と生きるということ』日本
　評論社

キティ，エヴァ・フェダー (2010)『愛の労働あるいは依存とケアの
　正義論』現代書館

佐伯　胖 (2017)『「子どもがケアする世界」をケアする』ミネルヴァ
　書房

佐藤　剛 (2006)『組織自律力』慶応義塾大学出版会

佐藤　剛 (2008)『イノベーション創発論』慶應義塾大学出版会

中島隆信 (2018)『障害者の経済学』東洋経済新報社

野口裕二 (2002)『物語としてのケア』医学書院

広井良典 (2000)『ケア学』医学書院

東畑開人 (2019)『居るのはつらいよ』医学書院

ホーキング青山 (2017)『考える障害者』新潮社

細馬宏通 (2016)『介護するからだ』医学書院

正高信男 (2019)『ニューロダイバーシティと発達障害』北大路書房

六車由実 (2012)『驚きの介護民俗学』医学書院

レディ，ヴァスデヴィ (2015)『驚くべき乳幼児の心の世界』ミネル
　ヴァ書房

ロビンス，スティーブン・P (2009)『組織行動のマネジメント』ダイ
　ヤモンド社

宿題解答例

第1章 宿題1

PDCA の目的	PDCA の目的は，事前に計画を立て，目標，ゴールを設定することで結果に対して評価ができ，それに対する修正，改善を行うことである。スタートの計画がない場合は，結果に対しての評価ができず，評価ができないということは改善が必要かどうかの判断もできない。
PDCA の構成要素	Plan…計画の策定を行う。 Do…計画に基づいた実行をする。 Check…実行した結果を確認する。 Action…確認した内容に対する改善行動を行う。
PDCA の運用方法	目標を達成するための計画(Plan)を立て，それに基づく実行(Do)をし，実行に対して「何が上手くいったか」，「何が上手くいかなかった」の確認（Check）を行う。その結果を受けて行動・改善（Action）を行うことで，最終的な目標達成を目指す。また，最初の一連の PDCA 結果を元に，次の計画を作成から再度 PDCA を回していく。
PDCA の身近な事例	企業においては，期が始まる前に予算を立てる。期が始まると予算にもとづいた活動が行われ，月次，4半期において損益や各指標を元に確認が行われる。予算に対して不足分を取り戻す指示，活動を行い年間の予算達成を目指すとともに，その結果を活かした翌年の予算策定が行われる。

第1章 宿題2

失敗した経験の概要	朝の慌ただしい時間に園児のけんかを仲裁した際，片方の園児の言い分をだけを信じてもう片方の園児を叱ってしまった。

失敗からどのようなことを学んだか？	自身の慌ただしさを言い訳に，保育の基本である一人ひとりの園児と向き合って接することを怠ってしまった。
なぜ，失敗から学ぶことができたのか？	失敗を実感した後の先輩職員のフォローや，普段の振る舞い方から，保育士として基本姿勢の重要性を痛感した。

第2章 宿題1

	1	2	3
関心のある分野	料　理	育児・介護	スポーツ
苦手，関心のない分野	政治・経済	哲　学	芸能ニュース
これから知りたい分野	文　学	政治・経済	哲　学

第2章 宿題2

キャリア・アンカー	定　義	キャリアや働き方を選択する際に，どうしても譲れない「価値観」や「欲求」を指し，瞬間的な好みや周囲の環境，ライフステージによって変化するものではなく，自身にとっての「核」に該当するもの
	自身のキャリア・アンカーは？	祖母の介護の実体験から，介護の現場で体の弱った人が少しでも満足な余生を過ごす手助けをしたい。
キャリア・サバイバル	定　義	個人の価値観に対して，企業・組織側にも人材ニーズ，要望がある。組織側の要望を正しく理解し，それに応えながら，自身の価値観から外れないキャリア構築を進めていくこと。
	今，組織から求められていることは？	様々な介護の現場を経験した人材が，行く行くは組織のマネジメントや新規サービスの開発に携わり，会社の発展に貢献してもらいたい。

第3章 宿題1

	目的の共有はできていたか？	役割分担はできていたか？	行動ルールはあったか？	メンバーはチームプレイに必要なスキルをもっていたか？
チームで成功した経験	最初のミーティングにおいて皆で話し合いゴール設定ができていた。これにより全員の目的が共有できた。	明確な役割分担がない箇所もあったが，その都度メンバー間での話し合いがもたれた。	目的達成のための意思統一ができた打ち合わせがあり，その際に個々の行動の確認がされていた。	コミュニケーションを取ることがプラスに働くと実感できたことで，よりコミュニケーションが活性化された。
チームで失敗した経験	上長に集められ，トップダウンで役割を振られた。	大まかな役割は決められていたが，部分部分で担当が不明な箇所があった。	メンバー間の情報共有が不足しており，相互の行動が把握できなかった。	メンバー間で打ち解けておらず，コミュニケーションの不足が目立った。

第3章 宿題2

今回施設長として赴任しました，阪本です。私は大学までサッカーをしており，プロを目指していましたが，挫折して一時期は家に引きこもっていました。知り合いの勧めで少年サッカーチームのお手伝いをしたことをきっかけに障害児教育の世界に興味をもって就職し，今では天職とも思っています。今回，皆さんと一緒に新しい施設を立ち上げることとなり，一つのチームとなってよりよい施設にしていくことを目標としています。福祉施設で介助者が本当に満足のいくサービスを受けるためには，担当一人でかかえるのではなく，メンバーが有機的にフォローをしながらサービスをつくり上げていくものです。常にお互いで話し合いながら，最高のサービスを受けられる施設を目指しましょう。

第4章 宿題1

方　法	特　徴
MBO（目標管理制度）	評価者と被評価者で期間の目標を設定し，報酬，評価に反映させる。目標の達成度合いに応じて評価にランクづけや，実績と行動の軸で評価を分ける等の運用かあり，目標設定や，評価の際に行う面談の際のコミュニケーション・ツールにもなる。
ワン・オン・ワン	主に上司と部下による1対1の面談で，人材育成の視点から定期的に行われる。目標の設定や，達成度合いの確認から，キャリアの相談，個別相談まで話すことがあるが，基本的には部下の側から話してもらい，上司はそれに対するアドバイスが求められる。

第4章 宿題2

	特　徴
終身雇用	新入社員としての入社から，定年退職までが基本の勤務モデルとして，一つの会社で転職なく勤め上げる雇用慣行。人材の流動性はなく，終身雇用の下では一定の生活保障の代わりに，中長期的にその会社で最適な人材となることが求められる。
年功序列	個別の能力の高さ，成果よりも，その会社に勤めた年数を重視して，それを基準に昇格，昇給を行う人事制度。個人の成果よりも集団の成果を重視し，社内調整能力や，特定業界での経験が会社にとって重要であるという前提にもとづいている。
企業別労働組合	企業内で労働組合をもち，別組織にはなっているものの基本的には社内の人間が出向という形で運営する。企業側との共存共栄を図り，従業員側の要望を会社に伝える役割と，会社の希望を従業員に納得してもらう調整の役割が強い。

第5章 宿題1

	特　徴
テクニカル・スキル	保育，介護など担当する業務を遂行するためのスキルである。組織のメンバーとして要求されるもっとも基本的な内容であるといえる。

コミュニケーション・スキル	組織のなかで協働するうえで不可欠であるコミュニケーションに関するスキルである。同僚間の意思疎通，上司と部下との指揮命令の円滑化，利用者や家族との会話などが含まれる。
コンセプチュアル・スキル	これまでの常識や慣習にこだわることなく新しいやり方や方向性を生み出すスキルである。とくに，より優れたサービスを提供することなどに関連するので，組織のトップが身につけるべきスキルである。

第5章 宿題2

労働慣行の種類	特　徴
メンバーシップ型	雇用した人に対して仕事を充てる雇用形態で，日本では主流である。採用時の能力や職務内容，勤務地といった条件ではなく，会社にあった人を採用し，異動，転勤を経て自社内で人材育成を行う。年功序列や終身雇用と相性がよく，能力による給与の差が出辛い反面，従業員は安定した雇用を得ることができる。
ジョブ型	必要な仕事に必要な能力をもった人を充てる雇用形態で，欧米では主流である。育成の概念はなく，個別の仕事を遂行するためだけに雇うため昇給はなく，労働者側もそこでの仕事が終わったり，他に条件の良い仕事があれば簡単に転職する。必要な人材が必要なタイミングで見つかる必要があり，人材の流動性が高いことが前提条件となる。

第6章 宿題1

教育方法	特　徴
OJT	On-the-Job Training 職場内訓練，企業内訓練であり，先輩社員が新入社員や後輩を指導することで，その企業での実践的な業務のノウハウや，知識を教える。通常業務を行いながら教えることが多く，職場内での即戦力として育てることに向いており，教える側のスキルアップにもつながる。
Off-JT	Off-the-Job Training 企業の外に出て社外の研修などに参加する従業員教育。外部講習，セミナー参加や，通信教育，e-ラーニングがこれにあたり，一般的な知識の習得が主

| | になる。専門の講師や考えられたコンテンツであることから，教育品質は高いが，コストもかかる。 |

第6章 宿題2

	特　徴
Grit	目標に対して興味を抱きながら，粘り強く取り組む情熱と，困難や挫折に負けずに努力を続ける粘り強さをもつ力のこと。才能があり他者よりも早くスキルが身につく場合も，さらに努力を続ける力であり，長期間，継続的に粘り強く取り組むことで社会的な成功につながる可能性が高いことから注目されている。
Growth mindset	自分の成長は経験や努力によって，向上できるという考え方のこと。この考え方のもとでは，成長自体に喜びをもち，挑戦は成長の機会と捉え，相手からのフィードバックは学びの機会として取り入れる。失敗も次につながるよう振り返りを行い，自身の成長の糧としていくとして経験や学びを続けることとなる。
自己効力感	結果を出すために適切な行動を選択し，かつ遂行するための能力をみずからがもっているかどうか認知する，つまり目標を達成するということに対して「自分はうまくできる」と自信をもつ感覚のこと。優越感や劣等感といった感覚とも大きな関係があり，自己効力感が高まるにつれ，その人は優越感を強く抱けるようになるといわれている。

第7章 宿題1

	特　徴
ヤングケアラー	家族にケアを要する人（障害や病気のある親や，高齢の祖父母，兄弟やその他の親族）がいる場合に，大人が担うようなケア責任を引き受け，家事や家族の世話，介護，感情面のサポートを行う18歳未満の子どものこと。そのケア責任が，その子の年齢や成長の度合いに不釣り合いなものであるときには，心身の発達や人間関係，勉強，進路などにも影響を受けることがある。子ども自身のニーズや生活状況や要望の確認を行い，その子のケア負担を軽くできるよう，様々なサービスにつなげることが必要となる。

第7章 宿題2

施設の種類	カンファレンスの概要
介護付き有料老人ホーム	施設メンバーが集まって月一回の頻度で行っており，ケアプランに沿った介護が行われているかどうかを評価するために，個別の利用者に対する具体的な議論を行う。 「どのようなケアが利用者さんにどう影響したか」といった原因結果だけではなく利用者や周囲の様子など，利用者にまつわる事柄を広い視点で捉え，より詳しい客観的情報を踏まえた議論を行う。 たとえば，利用者さんの起床時間を変えようとしたとき，介護士の場合は「どのように起こすのか」，「起きてからどう過ごしてもらうか」が中心になるが，看護師には病気や体調が悪化しないかといった医療的な意見が求められる。 介護士や看護師が別の専門性に触れることでの相互理解や，必要な技術や能力，気遣いといった利用者への理解やサービスの向上に役立ち，スタッフ育成の有効な方法となっている。

第8章 宿題1

メタ認知の定義	認知（知覚，記憶，学習，思考など）する自分をより高い視点から認知すること。「認知していることを認知している」状態であり，認知するに至ったきっかけから結果に至るまでのすべてのことを，自分自身で把握する。
メタ認知のための方法	方法として「セルフモニタリング」がある。日常での事象を思い出し，「どのような状況で，どのような思考から，どのように行動したか」を記録したうえで，「どうすべきだったか」を考える。これにより起こった事象を客観的に認知することができる。セルフモニタリングを行っていき，自身の弱い点や欠点に向き合っていくことで，メタ認知を行う能力を高めていく。

第8章 宿題2

	特　徴
会　話	日常的な他愛のないやり取りで，特別に意思の疎通などを意識しない，言ってしまえばお互いの主張や，言いたいことが伝わる必要性を重要視しないコミュニケーション。
対　話	相手の価値観や相手の考え方，視点を捉えたうえで深い関係性を築くためのコミュニケーション。相手の理解に重点が置かれる。

第9章 宿題1

イノベーションの定義	製品やサービス，組織，ビジネスモデルなどに新しいアイデアや技術を取り入れ，新たな価値を生み出し，社会にインパクトのある革新や刷新，変革をもたらすこと。
イノベーションのポイント	これまでの延長線上にない新しい発想が必要となる。そのため，多様な価値観からヒントを得ることが重要となることから，多様性を認めることや，発言に対する心理的安全性の確保がポイントとなる。

第9章 宿題2

理　論	概　要
認知的不協和	自分の考えと行動が矛盾したときに生じる不快感のこと。そうした状態のとき，往々にして人間は自分の考えを変更することで，「認知的不協和の解消」により自分の行動を正当化する。 例えば，「夜更かしはよくない」考えるとき，「夜更かしをしてしまう」ときに認知的不協和が起こる。それに対して，「自分は夜型で，夜の方が生産性が高い」と理由づけることが「認知的協和の解消」である。
返報性の法則	相手に対して先に何かをすることで，相手も同じ感情をもって自身に同じことを返す法則。相手が喜ぶことを先にすることで，相手も後で自分が喜ぶことを返してくれることもあれば，先に相手へ敵意を向けることで，相手も自分に敵意を向けることも返報性の法則である。 最初にサービス品を渡すことで，相手が借りを感じて製品を購入してくれるといったことが身近な例となる。

権威性の法則	人は権威のあるものに付き従うという法則。 社長や上司が言うことに無条件で付き従う場合もあれば，有名大学の教授の発言を無条件で信用することもこの権威性の法則である。 ビジネスの現場では，自社製品の販売の際に権威ある人のコメントや解説をもらうことで製品への信頼性や，価値を高めるという使われ方をしている。

第10章 宿題1

	定　義
グループ・シンク	集団での合意形成において，自身の発言で会議の進行を遅らせたくない，他に担当者がいる，反対意見をして嫌われたくないといった理由から安直，非合理な決定事項に流れてしまうこと。
グループ・シフト	同じような考え方をもつメンバーが話し合うことで，内容が極端になること。元々賛成意見をもつ人が集まった場合に，最初の案よりも実施内容が大きくなるような場合がこれにあたる。
リスキー・シフト	個別ではリスク回避的な行動をする人でも，集団では個々の責任が曖昧になることからリスクの大きな行動，決定をしてしまうこと。「赤信号，みんなで渡れば怖くない」となる。
同調圧力	少数意見に対して，大多数の同じ意見をもつ集団が暗に同調を強制して異なる意見などを言わせないようにすること。「空気を読め」と強要する，もしくは暗に雰囲気をつくり出すことがこれにあたる。

第10章 宿題2

KJ法の目的と進め方	［目的］ ブレインストーミングなどで数多く出したアイデアを整理し，アイデア間の関連を見つけ出したうえで構造化し，文章などに落とし込むことで具体的な形にしていく。 ［進め方］ ①ブレインストーミングなどを通じて自由に多くのアイデアを出したうえで，それぞれを1枚ずつのカードにする。 ②アイデアの書かれたカード同士を似通ったものにグルーピングし

	たうえで，それぞれのグループに見出しを付ける。 ③つくったグループ同士での関連性を考え，それを並べたうえで，結びつきを図解する。 ④つくった関連を文章化，言語化することで，具体的に行動を起こすための形にする。
ワールド・カフェの目的と進め方	［目的］ 会議の参加者を小さなグループに分けて，カフェでくつろぐような空間で話し合うことでメンバー間の対話を促進し，個々の意見を言いやすくする。それによってグループ・シンクやグループ・シフト，同調圧力を回避したアイデアや意見だしを行う。 ［進め方］ ①全員で会議目的・テーマの確認を行う。 ②お茶を用意する，お菓子を用意するといった，カフェでくつろいで話を行うような雰囲気づくりを行う。 ③４人程度のグループに分けて目的とテーマに沿った話をしてもらう。 ④一定時間でグループメンバーを入れ替えて，多くの人と意見交換をしてもらう。

編者紹介
||||||||||||||||||

一般社団法人 日本社会福祉マネジメント学会
(The Japanese Association of Social Welfare Management: JASM)
福祉サービスの質の向上を目的とし，学会活動をはじめ受託教育研修事業な
ど様々な活動を行っている。2018年7月に学会活動を開始，2021年3月には
『社会福祉マネジメント学会誌』創刊号を発刊した。「研究者と実践者が共に
社会福祉の課題解決に取り組むことで質の向上に取り組むこと」を法人理念
としている。
https://jasm.info/
info@jasm.info

執筆者紹介
|||||||||||||||||||||

佐藤　剛（さとう　たけし）
グロービス経営大学大学院大学経理研究科教授。
慶應義塾大学大学院経営管理研究科博士後期課程修了。博士（経営学）。
リーダーシップ，イノベーション，組織マネジメントなどを研究テーマとする。
企業，医療機関，社会福祉施設などを対象としたアクションリサーチの実施，
組織マネジメントや人事制度に関するコンサルテーションなどに従事。
著書に『チーム思考』（東洋経済新報社，2012年），『イノベーション創発論』
（慶應義塾大学出版会，2008年），『MBA 組織と人材マネジメント』（ダイヤ
モンド社，2007年），『組織自律力』（慶應義塾大学出版会，2006年）などが
ある。　takeshi.sato@globis.ac.jp

ケースで考える 社会福祉マネジメント

2021 年 10 月 15 日　初版第 1 刷発行　　　　　　　　　　〈検印省略〉

定価はカバーに
表示しています

編　　者　　一般社団法人
　　　　　　日本社会福祉マネジメント学会

著　　者　　佐　藤　　　剛

発 行 者　　杉　田　啓　三

印 刷 者　　藤　森　英　夫

発行所　株式会社　ミネルヴァ書房
　　　　607-8494　京都市山科区日ノ岡堤谷町 1
　　　　　　　　　電話代表　（075）581-5191
　　　　　　　　　振替口座　01020-0-8076

亜細亜印刷・藤沢製本

ISBN978-4-623-09237-6

Printed in Japan

社会福祉入門

芝野松次郎・新川泰弘・山縣文治編著　　　　　　　　Ｂ５判　220頁　本体 2400円

　保育士養成課程の「社会福祉」の教科書。社会福祉の法・制度とソーシャルワーク
を学ぶことに主眼を置いた。子どもと子育て家庭を支援するにあたっての様々な基
礎的・専門的な知識や技術を網羅して取り上げる。

最新・はじめて学ぶ社会福祉 3
社会学と社会システム

杉本敏夫監修，山　美和編著　　　　　　　　　　　Ａ５判　256頁　本体 2400円

　新カリキュラム「社会学と社会システム」に対応した，社会福祉の専門職をめざす
人へ向けた入門テキスト。人々が共に生きる「社会」とは何かということと，そこ
で起こる困難や問題，その向き合い方について考える。

最新・はじめて学ぶ社会福祉 4
社会福祉——原理と政策

杉本敏夫監修，立花直樹・波田埜英治・家高将明編著　Ａ５判　260頁　本体 2400円

　社会福祉分野では，経済格差や多文化共生，多様な信条・価値観等が絡む社会問題
に多角的な視点をもち，包括的・持続的に対応できる社会福祉士・精神保健福祉
士・保育士等の養成が急務の課題である。本書は社会福祉や保育を学ぶ学生の入門
テキストとして，今日の社会福祉制度の状況をわかりやすく解説する。

最新・はじめて学ぶ社会福祉 5
社会福祉調査の基礎

杉本敏夫監修，橋本有理子編著　　　　　　　　　　Ａ判　232頁　本体 2400円

　社会福祉分野において，虐待や貧困，災害，8050問題など，これまでに想定しなかっ
たニーズが数多くみられるようになってきた。こうした多岐にわたるニーズに立ち
向かうため，専門職には調査の視点と力量をもつことが求められている。調査の意
義を理解し，そして活用できるようになるための一冊。

最新・はじめて学ぶ社会福祉 6
ソーシャルワーク論——理論と方法の基礎

杉本敏夫監修，小口将典・木村淳也編著　　　　　　Ａ５判　240頁　本体 2400円

　日本のソーシャルワーク教育は長らく「ソーシャルワークに"ついては"教えるが，
ソーシャルワーク"を"教えていない」と指摘されてきた。本書は社会福祉の方法
論を前提に，その手段としての援助技術を，現実としての生活者と生活問題の実態
からとらえなおし，方法・技術の意味づけと位置づけを再考する。

ミネルヴァ書房

https://www.minervashobo.co.jp/